Barbara Jaglarz, Georg Bemmerlein

Sportunterricht im Klassenzimmer 2 – Sekundarstufe

77 originelle Arbeitsblätter zu Spitzensportlern wie Dzsenifer Marozsán, Lionel Messi & Co.

PERSEN

Die Autoren

Barbara Jaglarz ist Haupt- und Realschullehrerin an einer Realschule plus in Rheinland-Pfalz.

Georg Bemmerlein ist Oberstudienrat an einer integrierten Gesamtschule in Rheinland-Pfalz.

Für unseren Sohn Jan Philipp

Gedruckt auf umweltbewusst gefertigtem, chlorfrei gebleichtem und alterungsbeständigem Papier.

1. Auflage 2021

Satz: Satzpunkt Ursula Ewert GmbH, Bayreuth

ISBN: 978-3-403-20690-3

www.persen.de

Inhaltsverzeichnis

Vorwort

Sehr viele Schülerinnen und Schüler haben bestimmte Sportstars als Idole und Vorbilder. Ihre Poster hängen manchmal lebensgroß in den Jugendzimmern. Und die Eltern tradieren den Kindern die Sportlegenden ihrer Generation. Dieser Band versucht, im Thema Sport zu motivieren, indem er eine Sammlung von Arbeitsblättern vorlegt, die mit ausgesuchten nationalen und internationalen Sportstars der Gegenwart und der näheren Vergangenheit die Schüler begeistert. Auf Abwechslung zwischen anregenden, impulsgebenden Anforderungen, meist Mal- bzw. Gestaltungsaufgaben, und Aufgabenstellungen textlicher und theoretischer Art haben wir Wert gelegt. Ebenso ist auf einfacheres Anspruchs- und Verständnisniveau der Texte und Darstellungen geachtet. Dem einfacheren Anspruch gemäß sind auch die Arbeitsaufträge für die Schülerinnen und Schüler angelegt und gestaltet, wobei elektronische Medien (Internet) bewusst einbezogen sind.
Mittlerweile gibt es viele Schulen mit Wahlpflichtfach oder Schwerpunktunterricht Sport in der Sekundarstufe 1. Hier kommt, was den theoretischen Teil betrifft, das Fach Sport zuweilen als textlastige Angelegenheit ins Klassenzimmer. Diese Blätter sind auch als Abwechslung und Motivation im Schwerpunkt- oder Wahlpflichtfach Sport der 5. – 10. Klassen für einfachere Anforderungen des Grundniveaus gedacht.
Vertretung von Sportunterricht durch fachfremde Lehrkräfte ist oft eine verzwickte Sache. Deshalb halten viele Lehrerinnen und Lehrer im Klassenzimmer Ersatzunterricht in einem anderen Fach, zumal die Schulleitungen aus Sicherheitsgründen fachfremde Lehrkräfte im Vertretungsunterricht für das Fach Sport oft ablehnen. Doch auch die Sportlehrerinnen und Sportlehrer müssen zuweilen mit dem Klassenzimmer vorliebnehmen, wenn Sporthalle, Schwimmbad bzw. Sportplatz renoviert werden oder die Schule während der Unterrichtszeit dem Schulträger Sporthalle und -platz für schulfremde Veranstaltungen abtreten muss. Manchmal muss eine ganze Klasse oder eine große Schülergruppe im Klassenzimmer mit dem Fach Sport versorgt werden, wenn sie aus gesundheitserhaltenden Gründen am Sportunterricht nicht teilnehmen darf oder kann. Auch Einzelnen, deren Gesundheit bzw. körperliche Verfassung keinen Sport zulässt, bietet dieser Band mit seinen Arbeitsblättern die Möglichkeit, eine unterrichtlich bewertbare Leistung zum Thema Sport zu erarbeiten. Zumindest sind die Lernenden dann sinnvoll und fachbezogen beschäftigt.
Darüber hinaus sind viele der Arbeitsblätter zur Einübung von Textverständnis im Deutschunterricht oder im fortgeschrittenen DaZ-Unterricht einsetzbar.

Auch diesmal gilt unserem Lektor Herrn Malte von der Heide, mit dem wir seit 2007 kreativ und sehr gern zusammenarbeiten, ein ganz besonderes Dankeschön.

Barbara Jaglarz und *Georg Bemmerlein*

Lionel Messi

Lionel Messi

Sechsfacher Weltfußballer des Jahres

Lionel Andrés Messi Cuccittini ist ein argentinischer Fußballspieler.
Er wurde am 24.06.1987 in Rosario, Argentinien, geboren. Der Vater war Fabrikarbeiter, die Mutter Putzfrau. Bereits mit fünf Jahren spielte er Fußball. Als er 13 war, wanderte die Familie aufgrund der Wirtschaftskrise in Argentinien, und um Messi eine bessere Behandlung wegen seiner Wachstumsstörung zu ermöglichen, nach Spanien aus. Seit 2005 besitzt er auch die spanische Staatsangehörigkeit.

Mit 13 Jahren war er 1,40 m groß. Wegen seiner Schnelligkeit und der geringen Körpergröße trug er den Spitznamen „La Pulga“ (der Floh). Dieser Name blieb ihm bis heute. In Spanien nahm Messi an einem Probetraining des FC Barcelona teil. Den Jugendtrainer überzeugte das Talent des Jungen so sehr, dass Messi vor Ort auf einer Serviette spontan einen Vertrag unterschreiben durfte. Der Club übernahm auch die Kosten für seine medizinische Behandlung. Schon in seinem ersten Jugendspiel schoss Messi fünf Tore für seinen Verein. In 30 Spielen seiner ersten Saison kam er auf 35 Treffer. Bis Ende 2019 schoss der erfolgreiche Stürmer in 702 Spielen 617 Tore für seinen Club.
Seit 2018 ist Messi Mannschaftskapitän des FC Barcelona mit der Spielernummer 10 auf dem Trikot.
Er gilt als hervorragender Dribbler, der den Ball bei hohem Tempo sicher beherrscht. Dazu treten Schnelligkeit, sicherer Spielinstinkt und Spielübersicht.

Mittlerweile erhielt Messi viele bedeutende sportliche Auszeichnungen, u. a. vom Weltfußballverband FIFA sechs „Ballon d’Or“ als bester Spieler der Welt, und ebenfalls sechsmal wurde er FIFA-Weltfußballer des Jahres. In beiden Fällen ist er mit je sechs Auszeichnungen der Rekordinhaber. 2011 und 2015 wurde er zu Europas Fußballer des Jahres gewählt. Lionel Messi ist verheiratet und hat drei Söhne.

2015 kamen Messi und sein Vater, der sein Spielerberater ist, wegen Steuerhinterziehung vor Gericht. Messi erhielt eine hohe Geldstrafe und eine Haftstrafe auf Bewährung.

Messi ist auch durch sein soziales Engagement bekannt. Er gründete 2007 die Leo Messi Foundation zur Unterstützung von Bildung und Gesundheit für bedürftige Kinder. 2013 spendete er einem Kinderkrankenhaus in Rosario 600.000 Euro. 2019 ließ Messi bei einer Kältewelle die Mitarbeiter seines Restaurants in Rosario kostenlos Essen und Trinken an Obdachlose verteilen.

Beantworte die Fragen mit ganzen Sätzen in deinem Heft.

① **Wer ist Lionel Messi?**

② **Wann und wo wurde er geboren?**

③ **Wann begann er mit dem Fußballspielen?**

④ **Welchen Spitznamen trägt Lionel Messi und warum?**

⑤ **Für welchen Club spielt er und ist Mannschaftskapitän?**

⑥ **Welche Auszeichnungen erhielt Lionel Messi?**

⑦ **Wodurch zeigt sich sein soziales Engagement?**

⑧ **Welche aktuellen Infos zu Lionel Messi kannst du hinzufügen?**

Lionel Messi

Lückentext

Ergänze die Textlücken mit den Wörtern aus dem Wortkasten.

bedeutende • soziales • fünf • argentinischer • Serviette • Probetraining • Geldstrafe • Stürmer • ersten • Wachstumsstörung • Obdachlose • bedürftige • drei • übernahm • gewählt • Spitznamen • Dribbler • sechsmal • spanische • Trikot • Rosario • Familie • 13 • Fabrikarbeiter • überzeugte

Lionel Andrés Messi Cuccittini ist ein ________________ Fußballspieler. Er wurde am 24.06.1987 in ________________, Argentinien, geboren. Der Vater war ________________, die Mutter Putzfrau. Bereits mit ________________ Jahren spielte er Fußball. Als er ________________ war, wanderte die ________________ aufgrund der Wirtschaftskrise in Argentinien, und um Messi eine bessere Behandlung wegen seiner ________________ zu ermöglichen, nach Spanien aus. Seit 2005 besitzt er auch die ________________ Staatsangehörigkeit.

Mit 13 Jahren war er 1,40 m groß. Wegen seiner Schnelligkeit und der geringen Körpergröße trug er den ________________ „La Pulga“ (der Floh). Dieser Name blieb ihm bis heute.
In Spanien nahm Messi an einem ________________ des FC Barcelona teil. Den Jugendtrainer ________________ das Talent des Jungen so sehr, dass Messi vor Ort auf einer ________________ spontan einen Vertrag unterschreiben durfte. Der Club ________________ auch die Kosten für seine medizinische Behandlung. Schon in seinem ersten Jugendspiel schoss Messi fünf Tore für seinen Verein. In 30 Spielen seiner ________________ Saison kam er auf 35 Treffer. Bis Ende 2019 schoss der erfolgreiche ________________ in 702 Spielen 617 Tore für seinen Club. Seit 2018 ist Messi Mannschaftskapitän des FC Barcelona mit der Spielernummer 10 auf dem ________________. Er gilt als hervorragender ________________, der den Ball bei hohem Tempo sicher beherrscht. Dazu treten Schnelligkeit, sicherer Spielinstinkt und Spielübersicht.

Mittlerweile erhielt Messi viele ________________ sportliche Auszeichnungen, u.a. vom Weltfußballverband FIFA sechs „Ballon d’Or“ als bester Spieler der Welt, und ebenfalls ________________ wurde er FIFA-Weltfußballer des Jahres. In beiden Fällen ist er mit je sechs Auszeichnungen der Rekordinhaber. 2011 und 2015 wurde er zu Europas Fußballer des Jahres ________________. Lionel Messi ist verheiratet und hat ____________ Söhne.

2015 kamen Messi und sein Vater, der sein Spielerberater ist, wegen Steuerhinterziehung vor Gericht. Messi erhielt eine hohe ________________ und eine Haftstrafe auf Bewährung.

Messi ist auch durch sein ________________ Engagement bekannt. Er gründete 2007 die Leo Messi Foundation zur Unterstützung von Bildung und Gesundheit für ________________ Kinder. 2013 spendete er einem Kinderkrankenhaus in Rosario 600.000 Euro. 2019 ließ Messi bei einer Kältewelle die Mitarbeiter seines Restaurants in Rosario kostenlos Essen und Trinken an ________________ verteilen.

Lionel Messi

Steckbrief

Name: ______________________

Geburtsdatum: ______________________

Geburtsort: ______________________

Größe: ______________________

Spitzname: ______________________

Sportdisziplin: ______________________

Position: ______________________

Sportliche Erfolge: ______________________

____

Auszeichnungen: ______________________

____

Soziales Engagement: ______________________

____

Besonderheiten: ______________________

____

Lionel Messi

Wie wird man Weltfußballer des Jahres?

Einen jährlichen Preis für den besten Fußballer des Jahres in der Welt gibt es seit 1991. Der Name dieses Preises änderte sich seitdem dreimal. Seit 2016 nennt sich die Auszeichnung für den Weltfußballer des Jahres „The Best FIFA Men's Player". Dieser Preis ist zurzeit die bedeutendste Auszeichnung für einen einzelnen Spieler in der Welt des Fußballs.

Der Gewinner wird durch eine Abstimmung unter Nationaltrainern, Nationalmannschaftskapitänen, je einem Medienvertreter einer Nation und den Fans der Website FIFA.com zu je einem Viertel ermittelt. Jedes Jurymitglied nominiert aus einer Auswahlliste von zehn Spielern drei Spieler. Sie bekommen in der Reihenfolge ihrer Platzierung fünf, drei oder einen Punkt. Die Ergebnisse werden gewichtet und für jeden Spieler zusammengezählt. Derjenige, der die meisten Stimmen bekommt, wird Weltfußballer des Jahres.

Seit 1991 wurde der Preis nur zwölf verschiedenen Fußballspielern verliehen. Das lag daran, dass die Spieler Cristiano Ronaldo und Lionel Messi im letzten Jahrzehnt keine Konkurrenz hatten und auch zuvor schon einige Stars mehrfach den Titel erhielten. Ronaldo und Messi sind so die Rekordsieger unter den Weltfußballern. Im Jahr 2019 war es wieder Messi, für den sich die Mehrheit der Wählenden zum sechsten Mal entschied.

Der einzige Spieler aus Deutschland, der diesen Preis 1991 bekam, war Lothar Matthäus.

Welche Aussage ist richtig? Kreuze an und finde die Lösung.

		richtig	falsch
1	2019 wurde Cristiano Ronaldo Weltfußballer des Jahres.	B	S
2	Seit 2010 wurde der Preis nur an zehn Fußballspieler vergeben.	A	A
3	Der Preis für den Jahresweltfußballer heißt „The Best FIFA Men's Player".	N	R
4	Lothar Matthäus bekam diesen Preis 1991.	T	C
5	Der Gewinner wird zurzeit von Zuschauern ermittelt.	E	A
6	Ronaldo und Messi sind die Rekordsieger unter den Weltfußballern.	N	L
7	Der Name des Preises änderte sich seit 1991 dreimal.	D	O
8	Jedes Jurymitglied nominiert fünf Spieler.	N	E
9	Den Preis für den Weltfußballer des Jahres gibt es seit 2001.	A	R

Die Lösung:

Messi lebt nicht in

1	2	3	4	5	6	7	8	9

.

Achtung! Die falschen Buchstaben ergeben auch eine Lösung:

Messi lebt in

1	2	3	4	5	6	7	8	9

.

Lionel Messi und der 1. FC Barcelona

Seit 2000 spielt Lionel Messi als Stürmer bei der Mannschaft des FC Barcelona. Acht Jahre später wurde er Mannschaftskapitän. Wenn sein derzeitiger Vertrag 2021 ausläuft, wird er über 20 Jahre seinem legendären Fußballverein treu geblieben sein.

Der „Futbol Club Barcelona" ist ein 1899 gegründeter Traditionsverein. Er wird von seinen Anhängern mit der Abkürzung „Barca“ bezeichnet. In der spanischen Fußballoberliga spielt er seit 1929. Es handelt sich um einen gemeinnützigen Sportverein im Besitz der über 160.000 Vereinsmitglieder. Fußballerisch glänzt der FC Barcelona auch durch seine ausgezeichnete Jugendarbeit, die vor allem auf das offensive Kurzpassspiel Wert legt. Der FC Barcelona ist der zweitgrößte Sportverein der Welt und besitzt das größte Fußballstadion in Europa.

Der FC Barcelona ist spanischer Rekordpokalsieger und hält die zweitmeisten spanischen Meistertitel. Im europäischen Fußball gewann Barcelona je vier Mal die UEFA Champions League der europäischen Oberligameister und den Europapokal der Pokalsieger. Dreimal holte sich der Verein sogar die FIFA Klub-Weltmeisterschaft.

Getreu seinem Motto „Mehr als ein Verein“ ist „Barca“ bekannt für sein soziales Engagement. 1994 gründete der Club die „Fundacio FC Barcelona“, die sich für sportliche Förderung und soziale Betreuung von Jugendlichen in Entwicklungsländern einsetzt. Der Verein unterstützt auch das UNO-Kinderhilfswerk UNICEF und das Flüchtlingshilfswerk UNHCR.

Aber auch die Handballabteilung des Vereins ist überaus erfolgreich und wartet mit neun europäischen Siegertiteln in der EHF Champions League auf. Und die Basketballspieler waren schon zweimal europäische Vereinsmeister.

Steckbrief FC Barcelona

Unterstreiche im Text die Informationen, die zeigen, wie bedeutend der FC Barcelona ist, und fülle den Steckbrief aus.

Vereinsame: ______________________________

Kurzname: __________ Gründungsjahr: __________ Mitgliederzahl: __________

Vereinsmotto: ______________________________

Erfolge: ______________________________

____

Soziales Engagement: ______________________________

____

Besonderheiten: ______________________________

____

Lionel Messi und das Wappen des 1. FC Barcelona

Suche im Internet das Vereinswappen des FC Barcelona, ergänze es und male es farblich richtig aus.

Erkläre aufgrund deiner Internetrecherche die einzelnen Elemente des Wappens und ihre Bedeutungen.

Berühmte Fußballspieler

Finde im Suchrätsel die Namen der folgenden 20 berühmten Fußballspieler aus Gegenwart und Vergangenheit. Vor- und Nachnamen sind zusammengeschrieben ↓ →.

Luca Modric • Diego Maradona • Harry Kane • Franz Beckenbauer • Oliver Bierhoff • Pep Guardiola • Kilian Mbappe • Zinedine Zidane • Oliver Kahn • Eden Hazard • Lionel Messi • Jürgen Klopp • Philipp Lahm • Robert Lewandowski • David Beckham • Cristiano Ronaldo • Pele • Alisson Becker • Mohammed Salah • Sergio Ramos

Q	I	L	Z	B	G	O	H	A	R	R	Y	K	A	N	E	Q	P	D	F	C	M	H	F	Y
E	Z	I	N	E	D	I	N	E	Z	I	D	A	N	E	O	K	H	I	M	P	O	B	A	L
H	R	O	B	E	R	T	L	E	W	A	N	D	O	W	S	K	I	E	J	C	H	E	L	H
P	Z	N	M	S	X	O	U	D	E	L	F	G	Z	P	W	N	L	G	Ü	N	A	L	I	V
Q	P	E	L	E	A	L	N	O	D	U	O	G	S	E	R	G	I	O	R	A	M	O	S	V
X	E	L	D	A	V	I	D	B	E	C	K	H	A	M	I	K	P	M	G	N	M	X	S	Q
G	P	M	Y	W	T	V	N	M	N	A	T	E	P	Q	U	D	P	A	E	N	E	K	O	X
D	G	E	G	C	M	E	R	A	H	M	H	B	L	C	L	H	L	R	N	B	D	T	N	J
C	U	S	X	W	R	R	G	W	A	O	R	B	L	C	N	B	A	A	K	K	S	Q	B	A
G	A	S	P	N	H	K	S	C	Z	D	G	A	C	K	N	Y	H	D	L	S	A	N	E	C
L	R	I	E	I	E	A	K	Y	A	R	I	X	C	B	I	T	M	O	O	I	L	O	C	N
E	D	E	W	P	P	H	B	K	R	I	H	R	A	P	V	F	N	N	P	X	A	V	K	Z
X	I	K	N	W	G	N	S	P	D	C	N	Y	B	R	W	W	I	A	P	O	H	J	E	A
H	O	F	R	A	N	Z	B	E	C	K	E	N	B	A	U	E	R	V	B	S	M	G	R	Y
K	L	V	N	H	L	X	W	A	B	O	L	I	V	E	R	B	I	E	R	H	O	F	F	Q
T	A	K	I	L	I	A	N	M	B	A	P	P	E	N	V	B	G	E	Y	H	T	P	R	T
F	U	F	M	N	H	C	R	I	S	T	I	A	N	O	R	O	N	A	L	D	O	E	S	E

Welche Spieler sind noch aktiv? Das Internet hilft dir.

Lionel Messi

Kreuzworträtsel

Löse das Kreuzworträtsel und finde das Lösungswort.

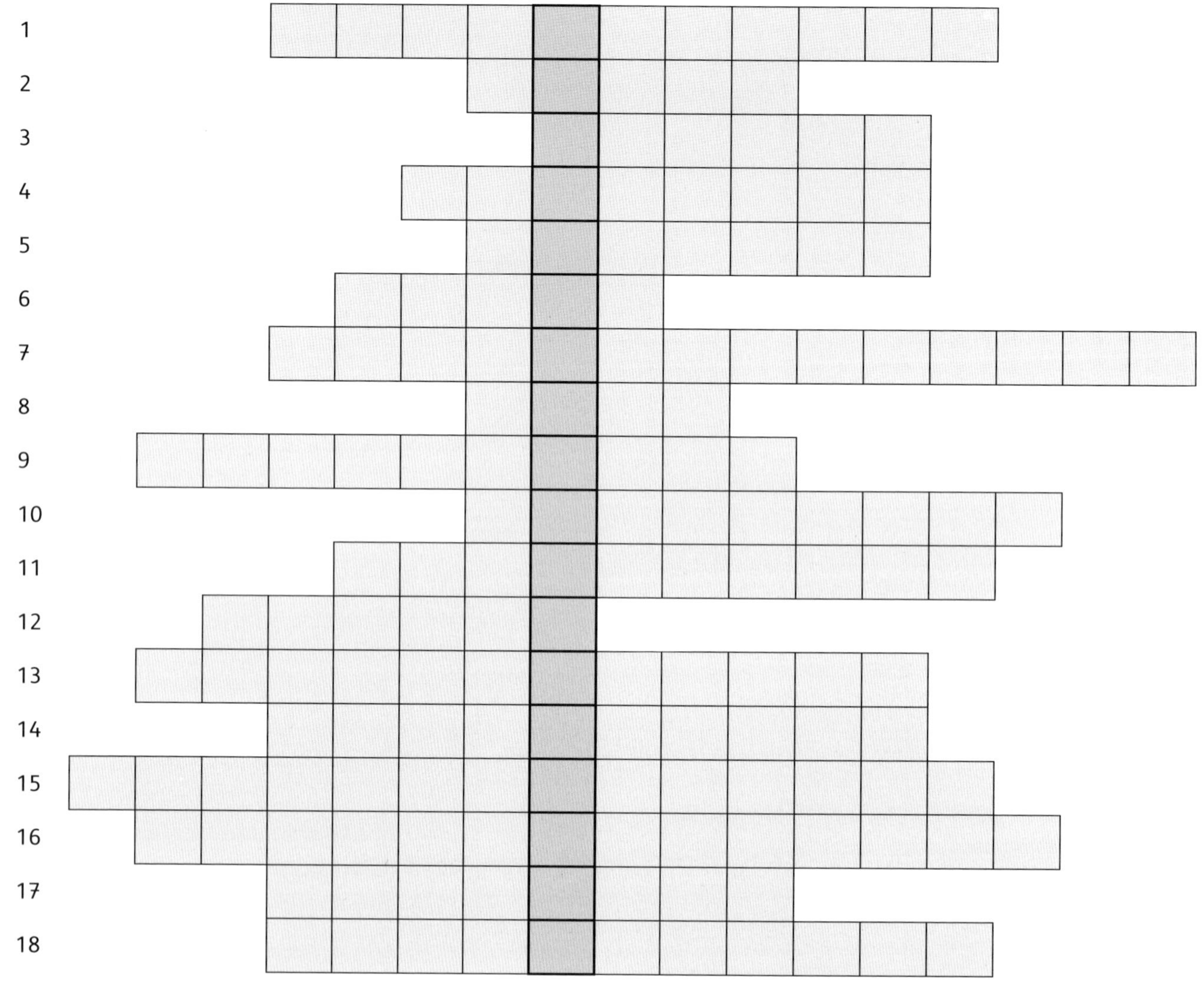

1 Lionel Messi kommt aus … .
2 Die Abkürzung von FC Barcelona ist … .
3 Messi hat die Nummer 10 auf seinem … .
4 Messi gilt als hervorragender … .
5 Messis Geburtsort heißt … .
6 Messi ist verheiratet und hat drei … .
7 Der FC Barcelona hat Europas größtes … .
8 „La Pulpa" bedeutet „Der … ".
9 Für sein soziales … ist Messi sehr bekannt.
10 Messi ist Mannschaftskapitän des FC … .
11 2007 gründete Messi die Lionel Messi … für bedürftige Kinder.
12 „Mehr als ein …" ist das Motte des FC Barcelona.
13 Messi und Ronaldo sind … unter den Weltfußballern.
14 Messi spendete Essen für … .
15 Messi erhielt viele … als Fußballer.
16 Messis Vater war … .
17 Messis Mutter war von Beruf … .
18 Der FC Barcelona ist der zweitgrößte … der Welt.

Das Lösungswort:

1	2	3	4	5	6	7	8	9	10	11	12	13	14	15	16	17	18

Lionel Messi

The Best FIFA Football Awards

Wie sieht der FIFA-Pokal für den „Weltfußballer des Jahres“ aus? Informiere dich im Internet oder in anderen Medien und male oder zeichne ihn.

The Best FIFA Football Awards

Lionel Messi

Teste dein Wissen

Name: ______________________ Klasse: ______________________ Datum: ______________________

Beantworte die Fragen.

① Was ist Lionel Messi von Beruf?

____

② In welchem Jahr und wo wurde er geboren?

____

③ Welche Staatsangehörigkeiten besitzt Lionel Messi?

____

④ Welchen Spitznamen trägt er und warum?

____

⑤ In welchem Verein spielt Lionel Messi?

____

⑥ Auf welcher Position spielt er?

____

⑦ Welche zusätzliche Funktion hat er seit 2018 in der Mannschaft?

____

⑧ Welche besondere Auszeichnung erhielt Lionel Messi sogar sechsmal?

____

⑨ Nenne zwei Beispiele für Messis soziales Engagement.

____

____

⑩ Welche Besonderheiten zu Lionel Messi kannst du noch hinzufügen? (zwei Besonderheiten)

____

____

Lösungen & Abbildungsnachweis

Lionel Messi – Wie wird man Weltfußballer des Jahres? .... **Seite 10**

Messi lebt nicht in

1	2	3	4	5	6	7	8	9
S	A	N	T	A	N	D	E	R

.

Messi lebt in

1	2	3	4	5	6	7	8	9
B	A	R	C	E	L	O	N	A

.

Lionel Messi – Berühmte Fußballspieler .... **Seite 13**

Q	I	L	Z	B	G	O	H	A	R	R	Y	K	A	N	E	Q	P	D	F	C	M	H	F	Y
E	Z	I	N	E	D	I	N	E	Z	I	D	A	N	E	O	K	H	I	M	P	O	B	A	L
H	R	O	B	E	R	T	L	E	W	A	N	D	O	W	S	K	I	E	J	C	H	E	L	H
P	Z	N	M	S	X	O	U	D	E	L	F	G	Z	P	W	N	L	G	Ü	N	A	L	I	V
Q	P	E	L	E	A	L	N	O	D	U	O	G	S	E	R	G	I	O	R	A	M	O	S	V
X	E	L	D	A	V	I	D	B	E	C	K	H	A	M	I	K	P	M	G	N	M	X	S	Q
G	P	M	Y	W	T	V	N	M	N	A	T	E	P	Q	U	D	P	A	E	N	E	K	O	X
D	G	E	G	C	M	E	R	A	H	M	H	B	L	C	L	H	L	R	N	B	D	T	N	J
C	U	S	X	W	R	R	G	W	A	O	R	B	L	C	N	B	A	A	K	K	S	Q	B	A
G	A	S	P	N	H	K	S	C	Z	D	G	A	C	K	N	Y	H	D	L	S	A	N	E	C
L	R	I	E	I	E	A	K	Y	A	R	I	X	C	B	I	T	M	O	O	I	L	O	C	N
E	D	E	W	P	P	H	B	K	R	I	H	R	A	P	V	F	N	N	P	X	A	V	K	Z
X	I	K	N	W	G	N	S	P	D	C	N	Y	B	R	W	W	I	A	P	O	H	J	E	A
H	O	F	R	A	N	Z	B	E	C	K	E	N	B	A	U	E	R	V	B	S	M	G	R	Y
K	L	V	N	H	L	X	W	A	B	O	L	I	V	E	R	B	I	E	R	H	O	F	F	Q
T	A	K	I	L	I	A	N	M	B	A	P	P	E	N	V	B	G	E	Y	H	T	P	R	T
F	U	F	M	N	H	C	R	I	S	T	I	A	N	O	R	O	N	A	L	D	O	E	S	E

Lösungen & Abbildungsnachweis

Lionel Messi – Kreuzworträtsel .... **Seite 14**

1				A	R	G	E	N	T	I	N	I	E	N			
2							B	A	R	C	A						
3								T	R	I	K	O	T				
4						D	R	I	B	B	L	E	R				
5							R	O	S	A	R	I	O				
6					S	Ö	H	N	E								
7				F	U	ß	B	A	L	L	S	T	A	D	I	O	N
8							F	L	O	H							
9		E	N	G	A	G	E	M	E	N	T						
10							B	A	R	C	E	L	O	N	A		
11					F	O	U	N	D	A	T	I	O	N			
12			V	E	R	E	I	N									
13		R	E	K	O	R	D	S	I	E	G	E	R				
14				O	B	D	A	C	H	L	O	S	E				
15	A	U	S	Z	E	I	C	H	N	U	N	G	E	N			
16		F	A	B	R	I	K	A	R	B	E	I	T	E	R		
17				P	U	T	Z	F	R	A	U						
18				S	P	O	R	T	V	E	R	E	I	N			

Argentine footballer Lionel Messi on 26 June 2018, ahead of the 2018 FIFA World Cup group stage match against Nigeria

Seite 6 mittig, Seite 7 oben, Seite 9 oben, Seite 16 oben: von Кирилл Венедиктов – https://www.soccer.ru/galery/1055457/photo/733439, lizenziert unter CC BY-SA 3.0,
URL: https://creativecommons.org/licenses/by-sa/3.0/
URL: https://commons.wikimedia.org/w/index.php?curid=70276827

Camp Nou

Seite 11 oben: von Mutari 09:33, 21 September 2007 (UTC) – Eigenes Werk, Lizenz: Gemeinfrei
URL: https://commons.wikimedia.org/w/index.php?curid=2788141

Dzsenifer Marozsán

Dzsenifer Marozsán

Jüngste Bundesligaspielerin aller Zeiten

Dzsenifer Marozsán ist eine deutsch-ungarische Fußballspielerin. Sie wurde am 18.04.1992 in Budapest (Ungarn) geboren. Als sie vier Jahre alt war, zogen Dzsenifers Eltern mit ihr nach SaarbrückenBurbach, nachdem ihr Vater, ein ungarischer Fußballnationalspieler, einen Vertrag beim Fußballverein 1. FC Saarbrücken unterschrieben hatte.

Ihrem Vater Janos verdankt Dzsenifer ihr fußballerisches Talent. Mutter Elisabeth war am Anfang von der Begeisterung ihrer Tochter für Fußball nicht angetan, schickte sie zum Tanzen und kaufte ihr ein Klavier, um sie vom Fußballfeld abzulenken. Auch ihr fünf Jahre älterer Bruder David wollte anfänglich nicht, dass die Schwester auf dem Bolzplatz mitkickte, bis er bemerkte, wie gut das Mädchen spielte.

Ihre Karriere begann Dzsenifer beim DJK Burbach, wo sie zuerst in einer Jungenmannschaft spielte. Das erste Bundesligaspiel machte die Jugendliche als Mittelfeldspielerin 2007 im Alter von 15 Jahren. Seitdem ist sie bis heute die jüngste Bundesligaspielerin aller Zeiten. Schon im zweiten Spiel schoss Dzsenifer ihr erstes Bundesligator. Von 2007 bis 2009 spielte die gelernte Bürokauffrau für den 1. FC Saarbrücken und von 2009 bis 2016 für den 1. FC Frankfurt. Seit 2016 ist sie in Frankreich beim Verein Olympique Lyon unter Vertrag. Ihre Trikotnummer ist die 10.

2008 wurde Marozsán mit der U-17-Frauennationalmannschaft Europameisterin. In 21 Länderspielen für die U-17-Nationalmannschaft erzielte sie 21 Tore. (U17 bedeutet unter 18 Jahre alt, U20 unter 21 Jahre alt.) 2010 wurde Dzsenifer bei der U-20-Weltmeisterschaft Weltmeisterin. 2016 gewann die Spielerin bei Olympia die Goldmedaille mit der deutschen Frauennationalmannschaft. Dzsenifer gilt als Spielmacherin, „Strategin und Gehirn" der Mannschaft. Von 2016 bis 2019 fungierte sie als Mannschaftskapitänin, der Nationalmannschaft.

In den Jahren 2017 bis 2019 wurde die Spielerin zu Deutschlands Fußballerin des Jahres gewählt. Dzsenifer Marozsán gilt heute als Ausnahmetalent und gehört zu den besten Fußballerinnen der Welt.

Beantworte die Fragen mit ganzen Sätzen in deinem Heft.

① **Wer ist Dzsenifer Marozsán?**

② **Wann und wo wurde sie geboren?**

③ **Wann kam die Familie nach Deutschland und warum?**

④ **Wie versuchte Dzsenifers Mutter, das Kind vom Fußball abzuhalten?**

⑤ **In welchem Alter spielte sie ihr erstes Bundesligaspiel?**

⑥ **Welchen Beruf hat Dzsenifer gelernt?**

⑦ **Welche besondere Position hatte sie in der deutschen Nationalmannschaft von 2016 bis 2019?**

⑧ **Welche aktuellen Informationen zu Dzsenifer Marozsán kannst du hinzufügen?**

Dzsenifer Marozsán

Lückentext

Ergänze die Textlücken mit den Wörtern aus dem Wortkasten.

Alter • Vertrag • Europameisterin • Ausnahmetalent • Bundesligator • mitkickte • vier • verdankt • Frankreich • Weltmeisterin • Bürokauffrau • jüngste • Fußballerin • besten • anfänglich • Goldmedaille • begann • Begeisterung • zuerst • Klavier • zweiten • Budapest • Tore • Mannschaftskapitänin

Dzsenifer Marozsán ist eine deutsch-ungarische Fußballspielerin. Sie wurde am 18.04.1992 in ________________ (Ungarn) geboren. Als sie ________ Jahre alt war, zogen Dzsenifers Eltern mit ihr nach Saarbrücken-Burbach, nachdem ihr Vater, ein ungarischer Fußballnationalspieler, einen ________________ beim Fußballverein 1. FC Saarbrücken unterschrieben hatte.

Ihrem Vater Janos ________________ Dzsenifer ihr fußballerisches Talent. Mutter Elisabeth war am Anfang von der ________________ ihrer Tochter für Fußball nicht angetan, schickte sie zum Tanzen und kaufte ihr ein ________________, um sie vom Fußballfeld abzulenken. Auch ihr fünf Jahre älterer Bruder David wollte ____________ nicht, dass die Schwester auf dem Bolzplatz ____________, bis er bemerkte, wie gut das Mädchen spielte.

Ihre Karriere ________________ Dzsenifer beim DJK Burbach, wo sie ____________ in einer Jungenmannschaft spielte. Das erste Bundesligaspiel machte die Jugendliche als Mittelfeldspielerin 2007 im ________________ von 15 Jahren. Seitdem ist sie bis heute die ________________ Bundesligaspielerin aller Zeiten.

Schon im ________________ Spiel schoss Dzsenifer ihr erstes ________________. Von 2007 bis 2009 spielte die gelernte ________________ für den 1. FC Saarbrücken und von 2009 bis 2016 für den 1. FC Frankfurt. Seit 2016 ist sie in ________________ beim Verein Olympique Lyon unter Vertrag. Ihre Trikotnummer ist die 10.

2008 wurde Marozsán mit der U-17-Frauennationalmannschaft ________________. In 21 Länderspielen für die U-17-Nationalmannschaft erzielte sie 21 __________. (U17 bedeutet unter 18 Jahre alt, U20 unter 21 Jahre alt.) 2010 wurde Dzsenifer bei der U-20-Weltmeisterschaft ______________.

2016 gewann die Spielerin bei Olympia die ________________ mit der deutschen Frauennationalmannschaft. Dzsenifer gilt als Spielmacherin, „Strategin und Gehirn" der Mannschaft. Von 2016 bis 2019 fungierte sie als ______________ der Nationalmannschaft.

In den Jahren 2017 bis 2019 wurde die Spielerin zu Deutschlands ______________ des Jahres gewählt. Dzsenifer Marozsán gilt heute als ______________ und gehört zu den ______________ Fußballerinnen der Welt.

Dzsenifer Marozsán

Steckbrief

Name: ______________________

Geburtsdatum: ______________________

Geburtsort: ______________________

Gelernter Beruf: ______________________

Sportdisziplin: ______________________

Besondere Position in der Nationalmannschaft: ______________________

____

Trikotnummer: ______________________

Erstes Bundesligaspiel: ______________________

Sportliche Erfolge: ______________________

____

Auszeichnungen: ______________________

____

Besonderheiten: ______________________

____

Dzsenifer Marozsán

Ist Fußball „Männersache“?

„Wann wurde Deutschland Fußballweltmeister?“, so lautet im Jahr 2020 eine Frage im Internet. Antwort über die weltgrößte Suchmaschine: „Viermal Weltmeister (1954, 1974, 1990 und 2014), dreimal Europameister (1972, 1980 und 1996)“. Falsch, die richtige Antwort müsste lauten: „Sechsmal Weltmeister (1954, 1974, 1990, 2003, 2007 und 2014), elfmal Europameister (1972, 1980 1989, 1991 und 1995 bis 2013 in Folge)“. Warum? Es gibt auch eine deutsche Frauennationalmannschaft und die ist bei Europameisterschaften sogar viel erfolgreicher. Aber nicht nur im Internet ist Fußball immer noch „Männersache“.

Die Benachteiligung der Frauen im Fußballsport ändert sich nur langsam. Bis 1956 war der Deutsche Fußballbund DFB der Meinung, Fußball sei nichts für Frauen, weil er „Kampfsport“ sei. Dann durften die Frauen spielen, aber nur 60 Minuten statt 90, mit einem leichteren Ball und ohne Stollenschuhe. Manche männlichen Fußballlehrer wollten keine weiblichen Trainer oder Schiedsrichter ausbilden. Frauenmannschaften bekamen vom DFB auch wenig finanzielle Unterstützung. Erst 1982 änderte der Fußballbund offiziell seine Meinung, da gab es aber in den Vereinen schon weit über 1000 Frauenmannschaften. Nach ihrem ersten Sieg bei der Europameisterschaft 1989 bekamen die Gewinnerinnen vom DFB als Prämie je ein Kaffeeservice mit blauen Blümchen. Die Männer erhielten ein Jahr später für die gewonnene Weltmeisterschaft 64.100 Euro pro Kopf. Als die Frauen 17 Jahre später in China Weltmeisterinnen wurden, bekamen sie schon 50.000 Euro. Aber 2014 gab es für die männlichen deutschen Weltmeister satte 300.000 Euro. Immerhin, der Unterschied wird allmählich kleiner. Es gibt auch keine Regelunterschiede mehr zwischen Damen- und Herrenfußball.

Aber eines ist immer noch Tatsache: Seit 1990 existiert eine Frauen-Bundesliga. In der Saison 2018/19 kamen durchschnittlich 833 Zuschauer pro Damenspiel, bei den Herren waren es 43.500. Die Zuschauer stimmen nach wie vor mit den Füßen für die Männer ab. Da bleibt noch viel zu tun.

Beantworte die Fragen in kurzen Texten.

① **Wie wurden und werden Frauen im Fußballsport benachteiligt?**

____

____

____

② **Welche Gründe gibt es, dass die Zuschauer bisher Männerfußball bevorzugen?**

____

____

____

Dzsenifer Marozsán

Welche Aussage ist richtig?

Welche Aussage ist richtig? Kreuze den entsprechenden Buchstaben an und finde die Lösung.

		richtig	falsch
1	Dzsenifer Marozsán ist gelernte Bürokauffrau.	A	S
2	Früher durften Frauen nur 60 Minuten Fußball spielen, nicht 90 Minuten.	U	T
3	Dzsenifer Marozsán hat die Nummer 8 auf ihrem Trikot.	O	S
4	U17 bedeutet im Fußball unter 18 Jahren.	N	L
5	Es gibt heute viele Regelunterschiede zwischen Damen- und Herrenfußball.	L	A
6	2017 bis 2019 wurde sie zu Europas Fußballerin des Jahres gewählt.	E	H
7	Der Mutter verdankt Dzsenifer Marozsán das fußballerische Talent.	N	M
8	Dzsenifer Marozsán ist Mittelfeldspielerin.	E	S
9	Seit 1990 existiert eine Frauenbundesliga.	T	C
10	Die Mutter kaufte Dzsenifer Marozsán eine Geige.	H	A
11	Die Benachteiligung der Frauen im Fußballsport ändert sich nur langsam.	L	U
12	Dzsenifer Marozsán gehört zu den besten Fußballerinnen der Welt.	E	H
13	Dzsenifer Marozsán ist eine deutsch-spanische Fußballspielerin.	E	N
14	Dzsenifer Marozsán wurde in Bukarest geboren.	N	T

Das Lösungswort:

Dzsenifer Marozsán gilt als:

1	2	3	4	5	6	7	8	9	10	11	12	13	14

.

Die falschen Buchstaben ergeben auch ein Lösungswort:

Früher durften Frauen nicht mit

1	2	3	4	5	6	7	8	9	10	11	12	13	14

spielen.

Dzsenifer Marozsán

Weltmeisterschaftstrikot

Entwirf für Dzsenifer Marozsán ein supersportliches Startrikot für die nächste Fußballweltmeisterschaft. Vergiss den Namen und die Spielerinnennummer nicht.

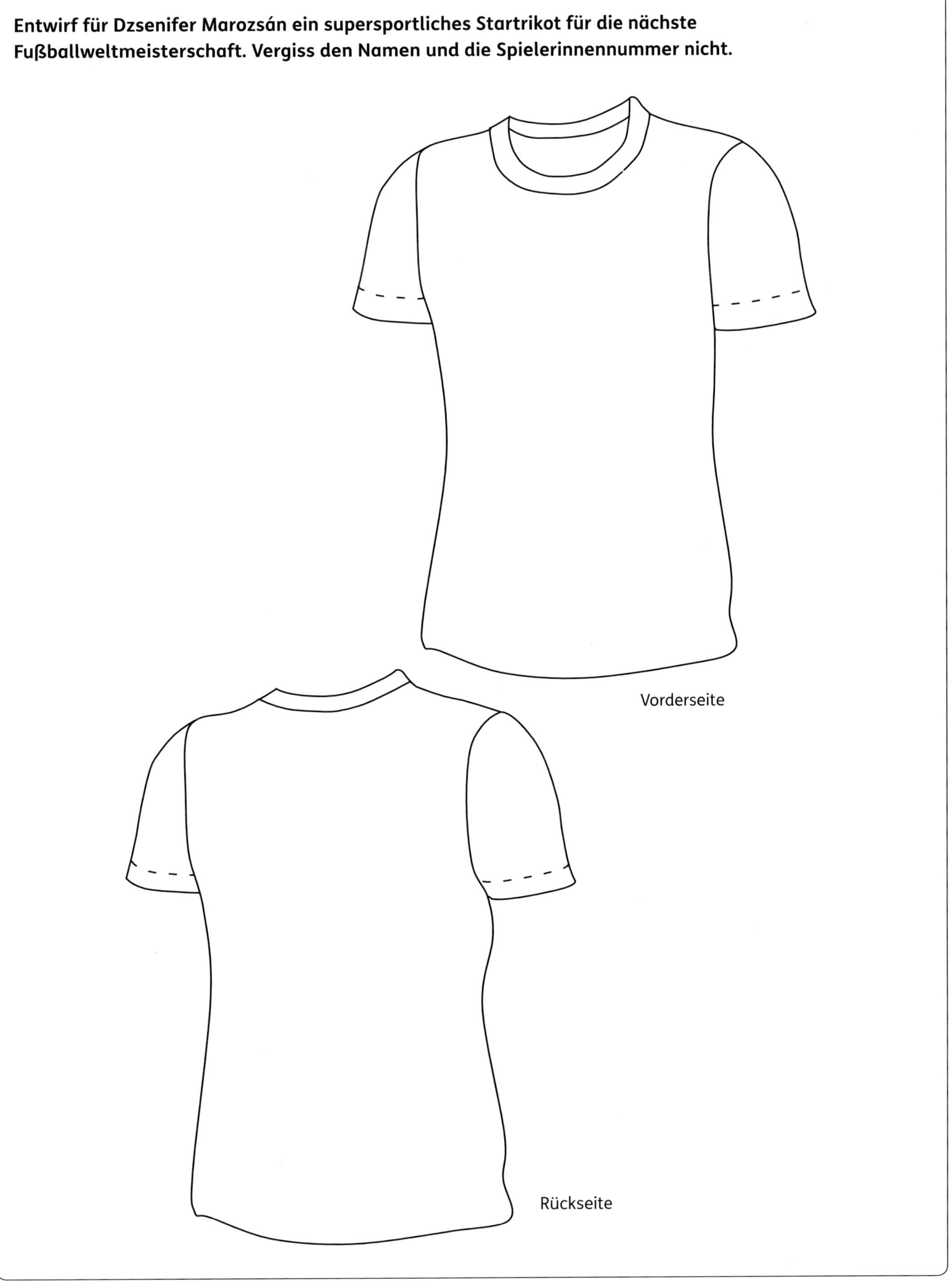

Dzsenifer Marozsán

Weltmeisterschafts-Fanartikel

Gestalte sechs verschiedene Frauen-Fanartikel für die Fußballweltmeisterschaft der Frauen.

Dzsenifer Marozsán

Teste dein Wissen

Name: ______________________ Klasse: ______________________ Datum: ______________________

Beantworte die Fragen.

① **Was ist Dzsenifer Marozsán von Beruf?**

____

② **In welchem Jahr und wo wurde sie geboren?**

____

③ **Warum zog die Familie nach Saarbrücken, als Dzsenifer Marozsán vier Jahre alt war?**

____

④ **Wie versuchte Dzsenifer Marozsáns Mutter, ihre Tochter vom Fußball abzulenken?**

____

⑤ **In welchem Alter machte sie ihr erstes Bundesligaspiel?**

____

⑥ **Bei welchem Verein ist Dzsenifer Marozsán seit 2016 unter Vertrag?**

____

⑦ **Welchen Ruf hat Dzsenifer Marozsán als Fußballspielerin?**

____

⑧ **Warum bevorzugen die Zuschauer Männerfußball? (zwei Gründe)**

____

____

⑨ **Welche Besonderheiten zu Dzsenifer Marozsán kannst du hinzufügen? (zwei Besonderheiten)**

____

____

Lösungen & Abbildungsnachweis

Dzsenifer Marozsán – Welche Aussage ist richtig? .... **Seite 24**

Dzsenifer Marozsán gilt als

1	2	3	4	5	6	7	8	9	10	11	12	13	14
A	U	S	N	A	H	M	E	T	A	L	E	N	T

.

Früher durften Frauen nicht mit

1	2	3	4	5	6	7	8	9	10	11	12	13	14
S	T	O	L	L	E	N	S	C	H	U	H	E	N

spielen.

Dzsenifer Marozsan

Seite 22 mittig, Seite 20 oben, Seite 19 mittig, Seite 27 oben: von Steffen Prößdorf, lizensiert unter CC BY-SA 4.0,
URL: https://creativecommons.org/licenses/by-sa/4.0/
https://commons.wikimedia.org/w/index.php?curid=79122778

Jürgen Klopp

Jürgen Klopp

Welttrainer des Jahres 2019

Jürgen Norbert Klopp, Spitzname „Kloppo", ist ein deutscher Fußballtrainer und ehemaliger Fußballspieler. Er wurde am 16.06.1967 in Stuttgart geboren. Im Jahr 1995 schloss Klopp an der Johann Wolfgang Goethe-Universität Frankfurt am Main ein Studium als Diplom-Sportwissenschaftler ab. Seine Diplomarbeit schrieb er über Walking.

Als Fußballspieler wechselte er anfänglich häufig die Clubs. Vielseitig eingesetzt spielte er zuerst als Stürmer, dann im Mittelfeld und schließlich in der Abwehr.

Ab 1990 spielte er für den 1. FSV Mainz 05 in der Zweiten Bundesliga. 2001 wurde er Trainer seiner Mannschaft. Unter seiner Regie schaffte Mainz 2004 den Aufstieg in die Erste Liga. 2008 wechselte er zu Borussia Dortmund, die unter seiner Trainertätigkeit 2011 und 2012 die deutsche Meisterschaft errang und 2013 das Finale der UEFA Champions League erreichte. Die UEFA Champions League ist ein Wettbewerb für europäische Fußballvereinsmannschaften der Herren. Der Gewinn der Champions League zählt zu den angesehensten Erfolgen im Profifußball.

Seit 2015 arbeitet Klopp als Cheftrainer des FC Liverpool. Mit dem Verein erreichte er 2019 den Titel des Europäischen Supercupsiegers und des Champions-League-Siegers, seine bisher größten Erfolge als Trainer.

Klopp gilt als sehr emotional und als „großer Motivator". Seine oft heftigen Gefühlsausbrüche während der Spiele sind bei Zuschauern und Presse umstritten. Er ist ein blendender Fußballtaktiker, der für seine diesbezüglichen Erläuterungen im Fernsehen bei ZDF und RTL 2006 und 2010 deutsche Fernsehpreise erhielt.

Klopp engagiert sich für soziale Projekte. Er ist Botschafter der Initiative „Respekt! Kein Platz für Rassismus". Seit 2019 ist er bei der Initiative „Common Goal", bei der Fußballprofis und Trainer ein Prozent ihres Einkommens an soziale Projekte mit Bezug zum Fußball spenden.

Jürgen Klopp hat aus der ersten Ehe mit Sabine Klopp einen Sohn, Marc. 2005 heiratete er Ulla Sandrock. Er lernte sie in Mainz kennen, als sie in einer Kneipe kellnerte, in der er mit seinen Spielern feierte.

Beantworte die Fragen mit ganzen Sätzen in deinem Heft.

① **Wer ist Jürgen Klopp?**

② **Wann und wo wurde er geboren?**

③ **An welcher Hochschule schloss Klopp 1995 welches Studium ab?**

④ **Auf welchen Positionen spielte er als Fußballspieler?**

⑤ **Was ist die UEFA Champions League?**

⑥ **Für welchen Verein arbeitet Jürgen Klopp seit 2015?**

⑦ **Welchen Ruf hat er als Trainer?**

⑧ **Für welche sozialen Projekte engagiert sich Jürgen Klopp?**

Jürgen Klopp

Lückentext

Ergänze die Textlücken mit den Wörtern aus dem Wortkasten.

Zuschauern • Wettbewerb • kellnerte • Finale • Fußballtrainer • soziale • Erste • emotional • wechselte • angesehensten • Walking • spenden • spielte • Stuttgart • Botschafter • Zweiten • Studium • Prozent • Mainz • größten • Fußballtaktiker

Jürgen Norbert Klopp, Spitzname „Kloppo“ ist ein deutscher ______________ und ehemaliger Fußballspieler. Er wurde am 16.06.1967 in ______________ geboren. Im Jahr 1995 schloss Klopp an der Johann Wolfgang Goethe-Universität Frankfurt am Main ein ______________ als Diplom-Sportwissenschaftler ab. Seine Diplomarbeit schrieb er über ______________. Als Fußballspieler ______________ er anfänglich häufig die Clubs. Vielseitig eingesetzt, spielte er zuerst als Stürmer, dann im Mittelfeld und schließlich in der Abwehr.

Ab 1990 ______________ er für den 1. FSV Mainz 05 in der ______________ Bundesliga. 2001 wurde er Trainer seiner Mannschaft. Unter seiner Regie schaffte Mainz 2004 den Aufstieg in die ________ Liga 2008 wechselte er zu Borussia Dortmund, die unter seiner Trainertätigkeit 2011 und 2012 die deutsche Meisterschaft errang und 2013 das ______________ der UEFA Champions League erreichte.

Die UEFA Champions League ist ein ______________ für europäische Fußballvereinsmannschaften der Herren. Der Gewinn der Champions League zählt zu den ______________ Erfolgen im Profifußball.

Seit 2015 arbeitet Klopp als Cheftrainer des FC Liverpool. Mit dem Verein erreichte er 2019 den Titel des Europäischen Supercupsiegers und des Champions-League-Siegers, seine bisher ______________ Erfolge als Trainer.

Klopp gilt als sehr ______________ und als „großer Motivator“. Seine oft heftigen Gefühlsausbrüche während der Spiele sind bei ______________ und Presse umstritten. Er ist ein blendender ____________________, der für seine diesbezüglichen Erläuterungen im Fernsehen bei ZDF und RTL 2006 und 2010 deutsche Fernsehpreise erhielt.

Klopp engagiert sich für ______________ Projekte Er ist ______________ der Initiative „Respekt! Kein Platz für Rassismus“. Seit 2019 ist er bei der Initiative „Common Goal“, bei der Fußballprofis und Trainer ein ______________ ihres Einkommens an soziale Projekte mit Bezug zum Fußball ______________.

Jürgen Klopp hat aus der ersten Ehe mit Sabine Klopp einen Sohn, Marc. 2005 heiratete er Ulla Sandrock. Er lernte sie in ______________ kennen, als sie in einer Kneipe ______________, in der er mit seinen Spielern feierte.

Jürgen Klopp

Steckbrief

Name: ____________________

Spitzname: ____________________

Geburtsdatum: ____________________

Geburtsort: ____________________

Studierter Beruf: ____________________

Sportdisziplin: ____________________

Positionen als Fußballspieler: ____________________

____

Erfolge als Trainer: ____________________

____

Tätigkeit seit 2015: ____________________

Soziales Engagement: ____________________

____

Besonderheiten: ____________________

____

____

Aufgaben eines Trainers

Der Trainer steht bei Erfolg oder Misserfolg der Mannschaft im Rampenlicht. Sein Aufgabengebiet erstreckt sich auf weit mehr, als es die Bezeichnung „Trainer“ vermuten lässt.

Kernaufgabe eines Trainers ist das fußballerische Training der Mannschaft. Sie wird von ihm körperlich auf Ausdauer, Schnelligkeit und Beweglichkeit getrimmt. Dazu kommt das balltechnische Training, etwa das Spiel Mann gegen Mann, die Bewegung mit dem Ball, das Zuspiel und der Torschuss. Die taktische Ausbildung, etwa Strategien bei Verteidigung und Angriff, die Festlegung der jeweiligen Spieleraufgaben, und vieles andere, darf nicht zu kurz kommen. Der Trainer fördert und festigt die seelische Stärke und Persönlichkeit der Fußballer. Bei der Nachwuchsarbeit und bei Neuanschaffungen von Spielern redet er wesentlich mit.

Wichtige Aufgaben hat der Trainer auch bei den Spielen. Er analysiert die Stärken und Schwächen des Gegners und passt die eigene Spieltaktik an. Seine Spieler berät er im Umgang mit den Gegenspielern und motiviert sie zum Siegeswillen. Die Fähigkeit, Spieler zu motivieren, gilt als besondere Stärke von Jürgen Klopp.

An der Planung und Durchführung der Wettbewerbe beteiligt sich der Trainer ebenfalls. Nach dem Spiel wertet er das Geschehen aus, um in seiner Mannschaft und in der Organisation des Wettbewerbs Verbesserungen anzustreben. Die Öffentlichkeitsarbeit darf ein Trainer nicht unterschätzen. Verbindungen zu Presse, Funk und Fernsehen muss er pflegen. Jürgen Klopp kann mit Journalisten sehr gut umgehen.

Zur Bewältigung all dieser Aufgaben braucht der Trainer nicht nur sehr gute fußballerische Kenntnisse. Er benötigt genauso die Fähigkeit zur Teamarbeit wie persönliche Charakterstärke und Autorität. Außerdem sollte ein erfolgreicher Trainer auch in der Öffentlichkeit selbstbewusst und angemessen auftreten.

Bei großen Vereinen stehen dem Trainer Spezialisten, wie etwa Nachwuchs-, Konditions- oder Torwarttrainer, Spielebeobachter, Talentsucher, aber auch medizinisches Personal und Medienspezialisten zur Seite.

Unterstreiche im Text die Aufgaben eines Trainers und schreibe sie unten auf.

① ______________________________

② ______________________________

③ ______________________________

④ ______________________________

⑤ ______________________________

⑥ ______________________________

⑦ ______________________________

⑧ ______________________________

⑨ ______________________________

⑩ ______________________________

Jürgen Klopp

Kreuzworträtsel

Löse das Kreuzworträtsel und finde das Lösungswort.

1 J. Klopp ist ehemaliger ... .
2 J. Klopp kann sehr gut seine ... motivieren.
3 Kernaufgabe des Trainiers ist das fußballerische ... .
4 Der Trainer analysiert die ... und Schwächen des Gegners.
5 Der Spitzname von Jürgen Klopp ist „...“ .
6 J. Klopp heißt mit dem zweiten Vornamen ... .
7 J. Klopp ist Cheftrainer beim FC ... .
8 J. Klopp ist engagiert in der Initiative „...“ .
9 J. Klopp spiele als Fußballer zuletzt in der ... .
10 J. Klopp schrieb seine Diplomarbeit über ... .
11 Bei der Initiative „Respekt“ ist J. Klopp ... .
12 Nach dem Spiel wertet der Trainer das ... aus.
13 J. Klopp ist in ... geboren.
14 Der Trainer analysiert die Stärken und ... des Gegners.
15 Der Trainer steht bei Erfolg und ... im Rampenlicht.

Das Lösungswort:

1	2	3	4	5	6	7	8	9	10	11	12	13	14	15

Jürgen Klopp

Karte an den Trainer

Viele Fußballfans und Fußballprofis wünschen sich, dass Jürgen Klopp nach Deutschland zurückkehrt, um in seiner Heimat wieder Bundesligatrainer oder gar Nationaltrainer zu werden.

Gestalte eine sportliche Karte für Jürgen Klopp und schreibe auf der Rückseite der Karte einen Text, mit dem du versuchst, Jürgen Klopp zur Rückkehr zu überreden.

Jürgen Klopp

Mindmap

Welche Begriffe gehören zum Thema Jürgen Klopp? Ergänze die Mindmap und gestalte sie farbig.

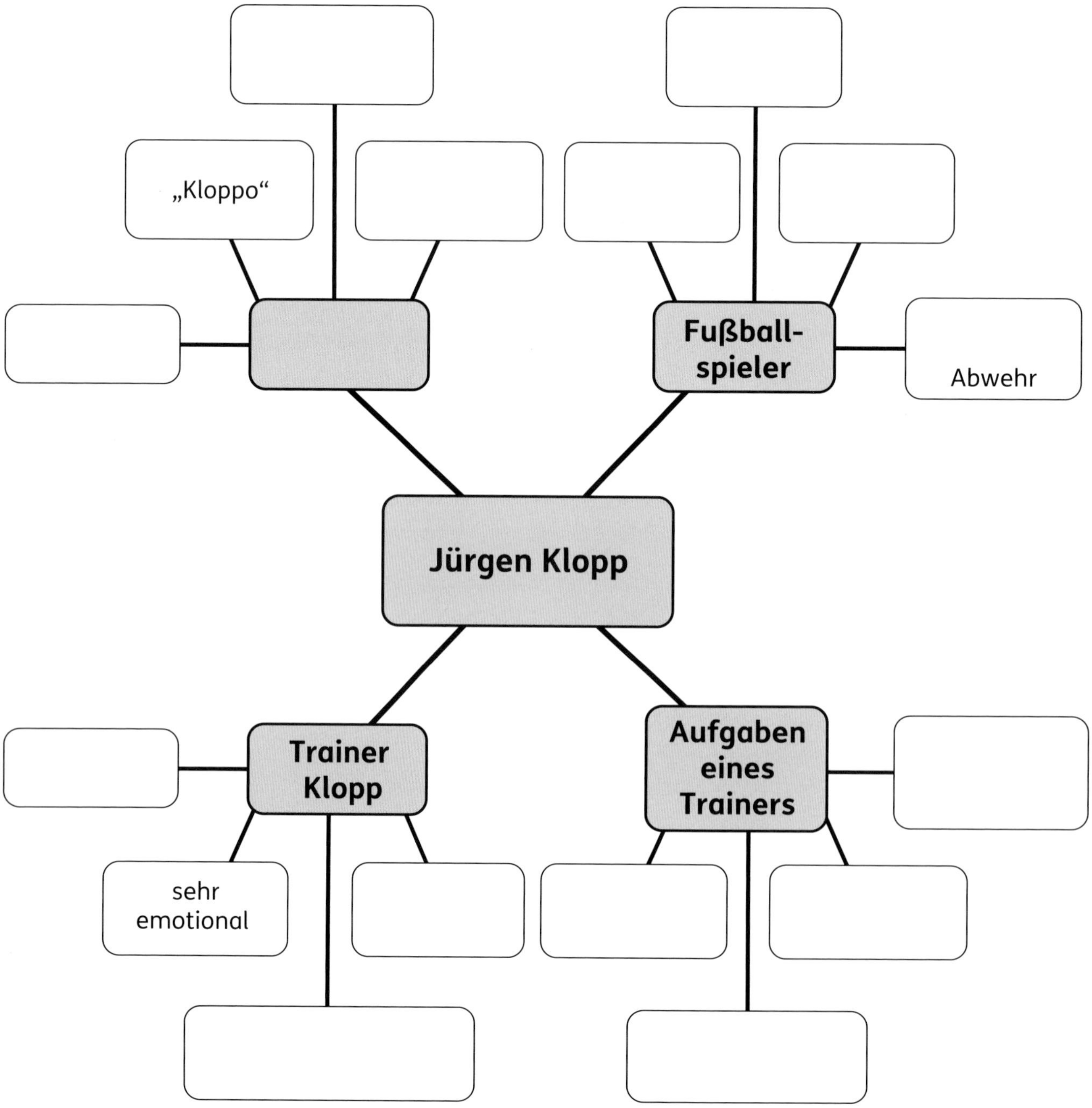

Jürgen Klopp

Fußballspieler

Abwehr

„Kloppo“

Trainer Klopp

sehr emotional

Aufgaben eines Trainers

Jürgen Klopp

FC-Liverpool-Buchstaben

Verziere die Buchstaben des FC Liverpool, den Jürgen Klopp trainiert, mit verschiedenen Mustern und Farben.

Jürgen Klopp

Teste dein Wissen

Name: ______________________ Klasse: ______________________ Datum: ______________________

Beantworte die Fragen.

① **Was ist Jürgen Klopp von Beruf?**

② **In welchem Jahr und wo wurde er geboren?**

③ **Welchen Spitznamen hat Jürgen Klopp?**

④ **Bei welchen Vereinen in Deutschland war Jürgen Klopp Trainer?**

⑤ **Bei welchem Verein ist Jürgen Klopp seit 2015 Trainer?**

⑥ **Welchen Ruf hat Jürgen Klopp als Trainer?**

⑦ **Wodurch zeigt er sein soziales Engagement?**

⑧ **Welche Aufgaben hat ein Fußballtrainer? (drei Beispiele)**

⑨ **Welche Besonderheiten zu Jürgen Klopp kannst du noch hinzufügen? (zwei Besonderheiten)**

Lösungen & Abbildungsnachweis

Löse das Kreuzworträtsel und finde das Lösungswort.

1		F	U	ß	B	A	L	L	**S**	P	I	E	L	E	R
2								S	**P**	I	E	L	E	R	
3						T	R	A	**I**	N	I	N	G		
4				S	T	Ä	R	K	**E**	N					
5								K	**L**	O	P	P	O		
6						N	O	R	**B**	E	R	T			
7						L	I	V	**E**	R	P	O	O	L	
8					C	O	M	M	**O**	N	G	O	A	L	
9								A	**B**	W	E	H	R		
10								W	**A**	L	K	I	N	G	
11					B	O	T	S	**C**	H	A	F	T	E	R
12					G	E	S	C	**H**	E	H	E	N		
13	S	T	U	T	T	G	A	R	**T**						
14		S	C	H	W	Ä	C	H	**E**	N					
15				M	I	S	S	E	**R**	F	O	L	G		

Das Lösungswort:

1	2	3	4	5	6	7	8	9	10	11	12	13	14	15
S	P	I	E	L	B	E	O	B	A	C	H	T	E	R

Lösungen & Abbildungsnachweis

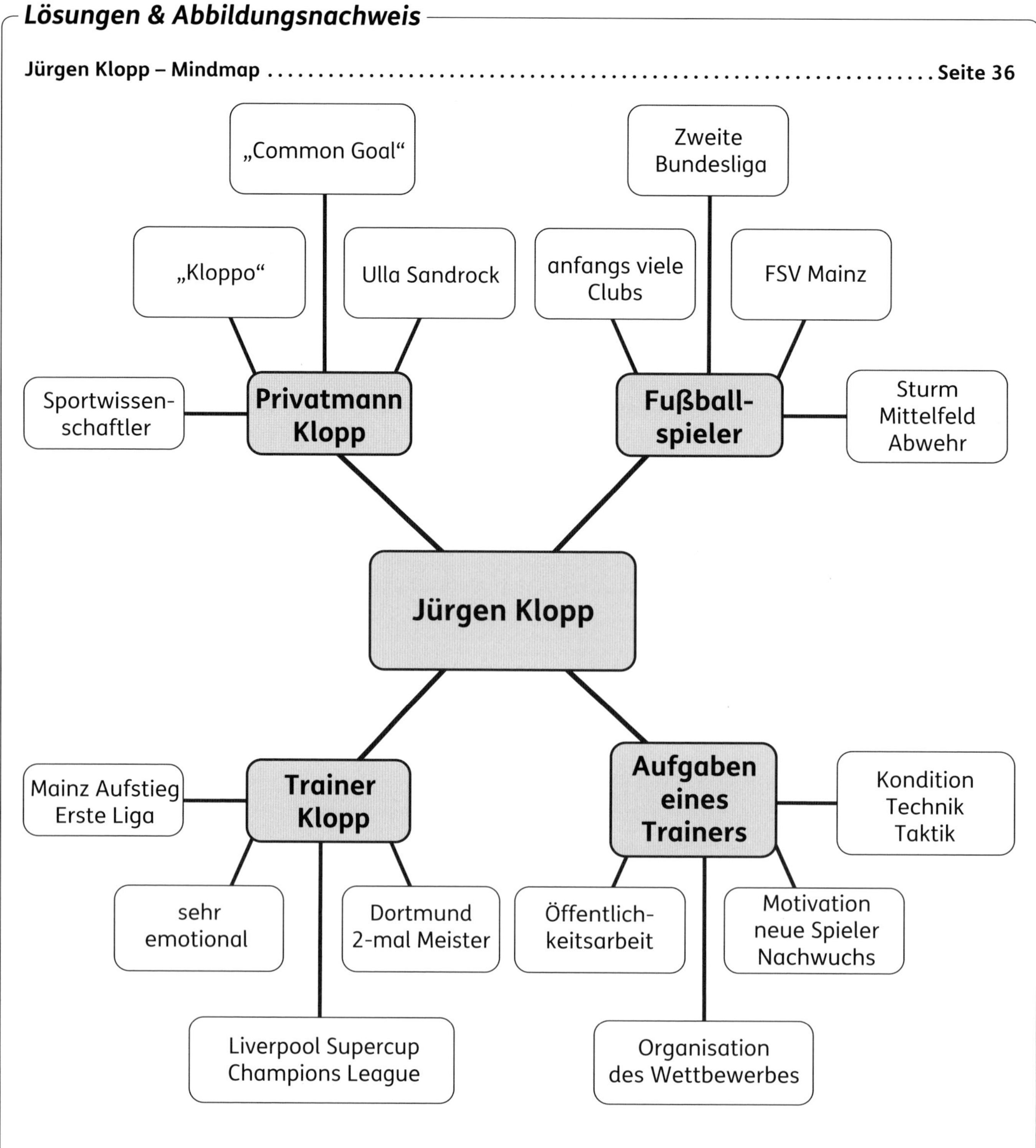

Jürgen Klopp at IAA 2019

Seite 29 mittig, Seite 30 oben, Seite 32 oben, Seite 33 oben, Seite 36 oben, Seite 38 oben:
von Alexander Migl – Eigenes Werk, lizensiert unter CC BY-SA 4.0,
URL: https://creativecommons.org/licenses/by-sa/4.0/
https://commons.wikimedia.org/w/index.php?curid=83581113

Kobe Bryant

Kobe Bryant

Eine Basketballlegende

Kobe Bean Bryant war ein US-amerikanischer Basketballspieler. Er wurde am 23.08.1978 in Philadelphia (Pennsylvania) geboren. Zu seinem Vornamen „Kobe“ soll die Eltern das japanische Kobe-Rind inspiriert haben, dessen Fleisch als bestes Rindfleisch der Welt gilt. Den Spitznamen „Black Mamba“ gab er sich selbst. Kobe wuchs teilweise in Italien auf, wo sein Vater als Basketballprofi arbeitete. 1992 kehrte die Familie in die USA zurück.

Bereits ab dem 17. Lebensjahr spielte Bryant in der US-Profiliga NBA, der National Basketball Association. Ein Jahr später kam der Jugendliche als Spieler zu den „Los Angeles Lakers“, deren Mannschaft er bis 2016 angehörte. Schon in seiner ersten Saison gewannen die „Lakers“ die NBA-Meisterschaft. **Kobe entwickelte sich in der NBA zum Rekordspieler und zur Basketballlegende.** Dies erreichte der Basketballprofi durch extrem hartes Training und den ständigen Ehrgeiz, größte Geschwindigkeit und Genauigkeit im Spiel zu erreichen. Kritiker warfen ihm aber oft vor, zu egoistisch zu spielen. 15 Jahre lang stand Bryant ununterbrochen auf der Liste der besten NBA-Spieler. Den erzielten Punkten nach belegt er auf der ewigen Bestenliste der NBA Platz 4. 2008 und 2012 gewann der NBA-Star mit der US-Nationalmannschaft jeweils die olympische Goldmedaille. Erst 2016 trat Kobe Bryant im Alter von 37 Jahren endgültig vom Profibasketball zurück.

2018 bekam der Basketballspieler den Oskar für einen animierten Kurzfilm über Basketball, dessen Drehbuch er verfasst hatte. Bryant war verheiratet und hatte vier Töchter. 2003 erlitt sein guter Ruf Schaden wegen des Vorwurfs einer sexuellen Straftat. Es gelang ihm aber, sich zu rehabilitieren. Am 26.01.2020 flog Kobe im Hubschrauber mit seiner 13-jährigen Tochter Gianna zu einem Basketballspiel, an dem das Mädchen teilnehmen sollte. Der Helikopter stürzte bei schlechtem Wetter ab und alle neun Insassen starben. Bryant und seine Tochter wurden im engsten Familienkreis in Los Angeles beigesetzt. Seine Fans durften sich erst später verabschieden.

Wenn Schüler mit einem Papierknäuel im Klassenzimmer in den Papierkorb treffen, kommt oft die Bemerkung: „Ha, wie Kobe!“, und in einem bekannten Computerballspiel heißt ein gelungener Wurf „Kobe“.

Beantworte die Fragen mit ganzen Sätzen in deinem Heft.

① **Wer war Kobe Bryant?**

② **Wann und wo wurde er geboren?**

③ **Wie lautet sein Spitzname?**

④ **In welchem Land wuchs Kobe zeitweise auf und warum?**

⑤ **Was ist die NBA?**

⑥ **In welcher Mannschaft spielte Kobe bis 2016?**

⑦ **Was zeichnete den NBA-Rekordspieler aus?**

⑧ **Wann und unter welchen Umständen starb die Basketballlegende Kobe Bryant?**

Kobe Bryant

Lückentext

Ergänze die Textlücken mit den Wörtern aus dem Wortkasten.

Spiel • Italien • Ehrgeiz • Basketballspieler • vier • Mannschaft • Papierkorb • Lebensjahr • Helikopter • entwickelte • Goldmedaille • Insassen • Vornamen • kam • Kritiker • belegt • Jugendliche • bekannten • Kurzfilm • Saison • Welt • Ruf • Spieler

Kobe Bean Bryant war ein US-amerikanischer ________________. Er wurde am 23.08.1978 in Philadelphia (Pennsylvania) geboren. Zu seinem ______________ „Kobe“ soll die Eltern das japanische Kobe-Rind inspiriert haben, dessen Fleisch als bestes Rindfleisch der ________________ gilt. Den Spitznamen „Black Mamba“ gab er sich selbst. Kobe wuchs teilweise in ________________ auf, wo sein Vater als Basketballprofi arbeitete. 1992 kehrte die Familie in die USA zurück.

Bereits ab dem 17. ________________ spielte Bryant in der US-Profiliga NBA, der National Basketball Association. Ein Jahr später _____________ der ________________ als ________________ zu den „Los Angeles Lakers“, deren ________________ er bis 2016 angehörte. Schon in seiner ersten ________________ gewannen die „Lakers“ die NBA-Meisterschaft. Kobe ____________________ sich in der NBA zum Rekordspieler und zur Basketballlegende. Dies erreichte der Basketballprofi durch extrem hartes Training und den ständigen ____________, größte Geschwindigkeit und Genauigkeit im __________ zu erreichen. _____________ warfen ihm aber oft vor, zu egoistisch zu spielen. 15 Jahre lang stand Bryant ununterbrochen auf der Liste der besten NBA-Spieler. Den erzielten Punkten nach __________ er auf der ewigen Bestenliste der NBA Platz 4. 2008 und 2012 gewann der NBA-Star mit der US-Nationalmannschaft jeweils die olympische ________________. Erst 2016 trat Kobe Bryant im Alter von 37 Jahren endgültig vom Profibasketball zurück.

2018 bekam der Basketballspieler den Oskar für einen animierten ____________ über Basketball, dessen Drehbuch er verfasst hatte. Bryant war verheiratet und hatte ________ Töchter. 2003 erlitt sein guter _______ Schaden wegen des Vorwurfs einer sexuellen Straftat. Es gelang ihm aber, sich zu rehabilitieren.

Am 26.01.2020 flog Kobe im Hubschrauber mit seiner 13-jährigen Tochter Gianna zu einem Basketballspiel, an dem das Mädchen teilnehmen sollte. Der _______________ stürzte bei schlechtem Wetter ab und alle neun _______________ starben. Bryant und seine Tochter wurden im engsten Familienkreis in Los Angeles beigesetzt. Seine Fans durften sich erst später verabschieden.

Wenn Schüler mit einem Papierknäuel im Klassenzimmer in den ________________ treffen, kommt oft die Bemerkung: „Ha, wie Kobe!“, und in einem ________________ Computerballspiel heißt ein gelungener Wurf „Kobe“.

Kobe Bryant

Steckbrief

Name: ____________________

Spitzname: ____________________

Geburtsdatum: ____________________

Geburtsort: ____________________

Todesdatum: ____________________

Sportdisziplin: ____________________

Mannschaft: ____________________

Auszeichnungen: ____________________

____

Ende der Profi Karriere: ____________________

Besonderheiten: ____________________

____

____

____

Kobe Bryant

National Basketball Association (NBA)

Die National Basketball Association (NBA) ist eine nordamerikanische Basketball-Profiliga. Fachleute sehen in ihr die beste Basketball-Liga der Welt. Die Gründer des Verbandes im Jahr 1946 waren vor allem Besitzer von Eishockeysporthallen, die eine zusätzliche profitable Nutzung ihrer Anlagen in den Sommermonaten erwarteten. Die Spielstadien haben heute 17.500 bis 22.000 Zuschauerplätze. Der Besucherdurchschnitt der NBA-Spiele liegt bei etwa 18.000 Zuschauern. Das meiste Geld verdienen die Eigentümer der NBA-Clubs mit Übertragungslizenzen und Werbung.

Derzeit besteht die NBA aus 30 Mannschaften, 29 aus den USA und eine aus Kanada. Die NBA spielt in Nordamerika geografisch getrennt: Jeweils 15 Mannschaften spielen in der Western und der Eastern Conference. Der jährliche Saisongewinner wird nach 82 Spielen der Conferences in sogenannten Play-offs ermittelt. Die acht Besten jeder Conference spielen um die Meisterschaft in drei Runden nach dem Modus „Best-of-Seven“: Wer vier von sieben Spielen gewinnt, kommt weiter. Es gibt kein Unentschieden, sondern Spielverlängerung bis zum eindeutigen Ergebnis. Rekordmeister sind die „Boston Celtics“ mit 17 Erfolgen.

Die NBA kennt keine Auf- oder Absteiger. Aber 2001 gründete die NBA zur Nachwuchsförderung eine kleinere Zweitklassliga für schwächere und junge Spieler, die „G-League“ mit 22 Teams. Die NBA vergibt jährlich viele Preise an die Spieler. Der wichtigste für die Saison ist der des wertvollsten Spielers (MVP), den 2008 auch Kobe Bryant gewann. Den Preis des wertvollsten Spielers für das NBA All-Star Game gewann Bryant gleich viermal. Dieser Preis wurde nach seinem Tod in „Kobe Bryant Award“ umbenannt.

In der viermonatigen Winterpause touren NBA-Mannschaften als Teil des Trainings durch Europa, um mit Freundschaftsspielen eine Erweiterung der NBA nach Europa auszutesten.

Unterstreiche im Text zehn Begriffe, die die NBA beschreiben, und trage sie in die Kästchen ein.

	N	
	B	
	A	

Kobe Bryant

Vereinsmaskottchen

Hast du gewusst, dass die meisten NBA-Vereine ein Mannschaftsmaskottchen besitzen?
Ein Darsteller im Kostüm verkörpert das Maskottchen während der Spiele. Entwirf für Sportveranstaltungen deiner Schule ein solches Maskottchen als Kostüm.

Kobe Bryant

Bälle versenken

Anleitung für Bälle versenken

Zeichne ins Spielfeld deine Körbe (↔↕). Sie dürfen nicht aneinanderstoßen. Es gibt 1 Viererkorb (4 Kreuze), 2 Dreierkörbe (je 3 Kreuze), 4 Zweierkörbe (je 2 Kreuze) und 5 Einerkörbe. Bei Mehrfachkörben können die Kreuze beliebig angeordnet sein, müssen aber horizontal oder vertikal zusammenhängen.

Also z. B.: Vierer:

	X		
	X	X	
	X		

Dreier:

	X	X	X	

Dreier:

	X		
	X	X	

2 Zweier:

				X	
	X	X		X	

Es wird gelost, wer anfangen darf. Spieler 1 nennt ein Kästchen (z. B. B6). Spieler 2 antwortet je nach Lage des Kästchens: **„Vorbei“**, **„Treffer“** oder **„Korb voll“**. Wenn ein Spieler einen Korb getroffen hat, darf er so lange weiterspielen, bis er vorbeigeworfen hat. Wer zuerst alle Körbe „gefüllt“ hat, ist Sieger.

SPIEL 1												
	1	2	3	4	5	6	7	8	9	10	11	12
A												
B												
C												
D												
E												
F												
G												
H												
I												
J												
K												
L												
M												
Deine Körbe												

SPIEL 1												
	1	2	3	4	5	6	7	8	9	10	11	12
A												
B												
C												
D												
E												
F												
G												
H												
I												
J												
K												
L												
M												
Körbe deine Gegners												

SPIEL 2												
	1	2	3	4	5	6	7	8	9	10	11	12
A												
B												
C												
D												
E												
F												
G												
H												
I												
J												
K												
L												
M												
Deine Körbe												

SPIEL 2												
	1	2	3	4	5	6	7	8	9	10	11	12
A												
B												
C												
D												
E												
F												
G												
H												
I												
J												
K												
L												
M												
Körbe deine Gegners												

Basketballmandala

Male das Basketballmandala mit bunten Farben aus.

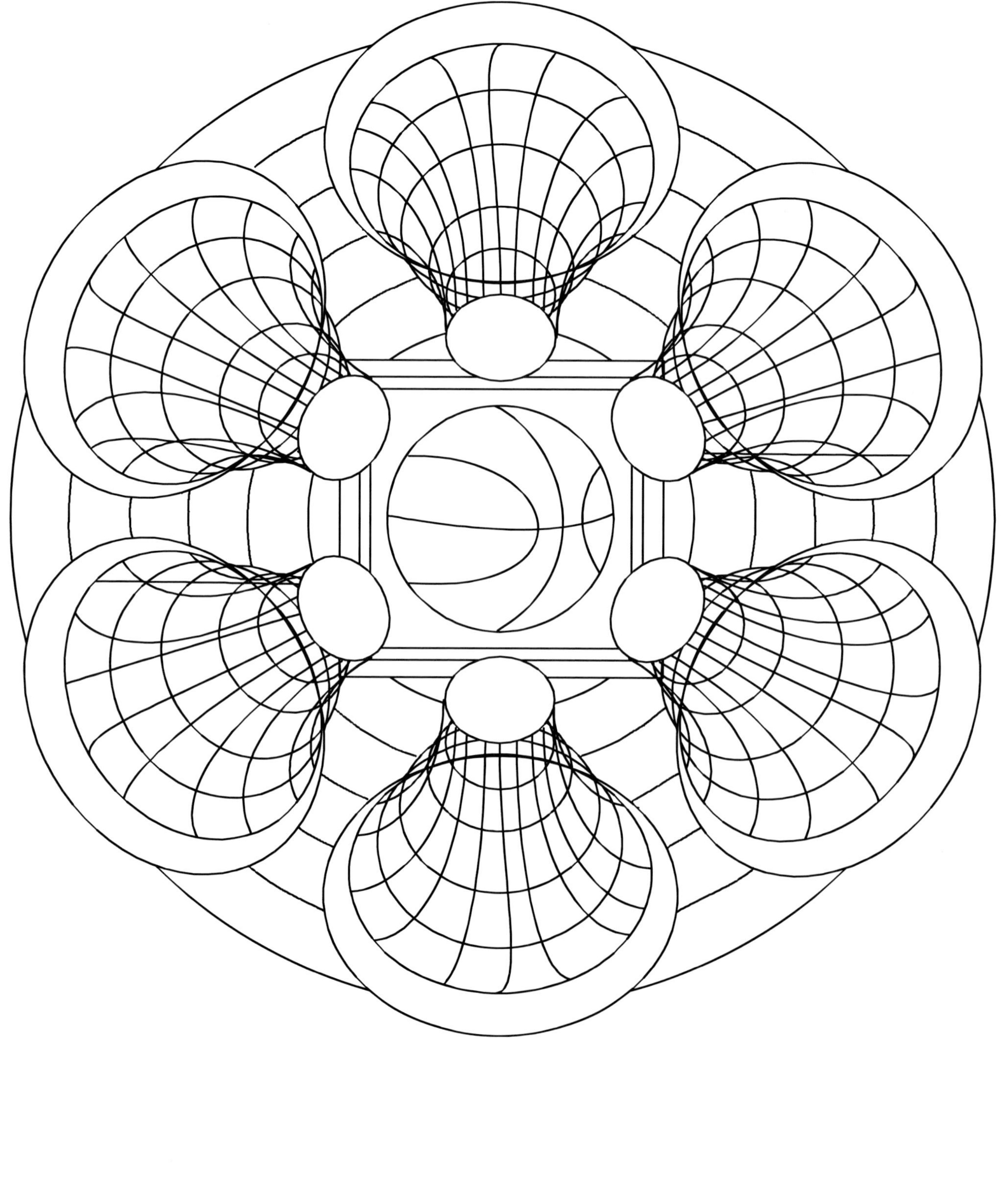

Kobe Bryant

Teste dein Wissen

Name: ______________________ Klasse: ______________________ Datum: ______________________

Beantworte die Fragen.

① **Wer ist Kobe Bryant?**

____

② **Wann und wo wurde er geboren?**

____

③ **Welchen Spitznamen gab er sich selbst?**

____

④ **Warum wuchs er zeitweise in Italien auf?**

____

⑤ **Welcher Mannschaft gehörte Kobe bis 2016 an?**

____

⑥ **Was ist die NBA?**

____

⑦ **Aus wie vielen Mannschaften besteht derzeit die NBA?**

____

⑧ **Nenne zwei typische Spielregeln der NBA.**

____

⑨ **In welchem Jahr und unter welchen Umständen ist Kobe Bryant gestorben?**

____

⑩ **Welche Besonderheiten zu Kobe Bryant kannst du hinzufügen? (zwei Besonderheiten)**

____

____

Lösungen & Abbildungsnachweis

Kobe Bryant – National Basketball Association (NBA) .... Seite 45

Nordamerika		„Play-offs“
Basketball-Profiliga	**N**	Best of Seven
1946	**B**	kein Unentschieden
17.500 – 22.000 Plätze	**A**	keine Auf- oder Absteiger
30 Mannschaften		MVP-Preis

Lakers at Wizards 12/3/14

Seite 41 mittig, Seite 42 oben, Seite 44 oben, Seite 49 oben: von Keith Allison – Flickr: Kobe Bryant, lizensiert unter: CC BY-SA 2.0,
URL: https://creativecommons.org/licenses/by-sa/2.0/
https://commons.wikimedia.org/w/index.php?curid=37278765

Spectrum Center

Seite 45 oben: von Geologik in der Wikipedia auf Englisch, CC BY 3.0,
URL: https://creativecommons.org/licenses/by/3.0/
https://commons.wikimedia.org/w/index.php?curid=2224848

Katie Ledecky

Katie Ledecky

Schwimmstar schon mit 15 Jahren

Kathleen Genevieve Ledecky ist eine US-amerikanische Schwimmerin. Sie wurde am 17.03.1997 in Washington D.C. geboren. Ihr Spitzname, unter dem sie allgemein bekannt ist, ist „Katie“. Mutter und Bruder waren selbst als Schwimmer aktiv, Katie folgte ihrem Bruder als Schwimmerin nach.

Ihre Karriere im Schwimmsport begann schon im Kindesalter von sechs Jahren. Als Schülerin brach sie alle Rekorde ihrer Highschool, bis auf den über 100 Meter Brustschwimmen. 2011 und 2012 schwamm das Mädchen mehrere Jugendrekorde. Bereits im gleichen Jahr gewann sie als jüngste amerikanische Olympiateilnehmerin über 800 Meter bei den Olympischen Spielen in London die Goldmedaille. Bei den Schwimmweltmeisterschaften 2013 errang die 16-jährige Schülerin viermal Gold und brach drei Weltrekorde. 2015 brachte Katie es gleich auf fünf Weltmeistertitel und 2016 sammelte die mittlerweile 19-Jährige vier olympische Goldmedaillen ein. 2017 holte die erfolgsverwöhnte Schwimmerin in Budapest wieder fünf Weltmeistertitel. Als sie 2019 die Siegesserie wiederholen wollte, reichte es wegen einer Erkrankung während des Turniers nur noch für einen Titel über 800 Meter. Die Schwimmerin, die von Kind auf immer nur gesiegt hatte, schien zeitweise darunter zu leiden.

Dennoch gilt sie mit bisher fünf Olympiasiegen, 15 Weltmeistertiteln und aktuell drei Weltrekorden als eine der besten Schwimmsportlerinnen aller Zeiten. Der Wassersportweltverband FINA zeichnete Ledecky in den Jahren 2013 als „Schwimmerin des Jahres“ aus, 2015 und 2016 bekam sie von der FINA die Auszeichnung für die weltbeste Schwimmleistung. Der US-Schwimmverband ehrte Katie jährlich von 2013 bis 2018 als beste Sportlerin des Jahres mit der Verleihung der Goldenen Schwimmbrille (Golden Goggle).

Katie gilt als schüchtern und bescheiden. Erst 2018 schloss sie ihren ersten Sponsorenvertrag mit der Sportindustrie ab. Sie studiert mittlerweile an der Universität Stanford Psychologie. Schwimmen, sagt Katie, sei für sie immer noch ein Hobby.

Beantworte die Fragen mit ganzen Sätzen in deinem Heft.

① **Wer ist Katie Ledecky?**

② **Wann und wo wurde sie geboren?**

③ **In welchem Alter begann Katie mit dem Schwimmsport?**

④ **Wann und wo gewann Katie die Goldmedaille als jüngstes Mitglied der US-Olympiamannschaft?**

⑤ **Welchen Titel holte sie fünfmal in Budapest?**

⑥ **Wie viele Olympiasiege erreichte sie bis jetzt?**

⑦ **Wie ehrte der US-Schwimmverband Katie von 2013 bis 2018?**

⑧ **Welche aktuellen Informationen zu Katie Ledecky kannst du hinzufügen?**

Katie Ledecky

Lückentext

Ergänze die Textlücken mit den Wörtern aus dem Wortkasten.

olympische • 15 • Erkrankung • sechs • jüngste • leiden • Weltmeistertitel • Stanford • besten • fünf • Schwimmerin • London • bescheiden • Weltrekorde • Bruder • einen • 2019 • Schwimmbrille • gesiegt • Jahres • schwamm • Rekorde • Washington D.C. • drei

Kathleen Genevieve Ledecky ist eine US-amerikanische ______________. Sie wurde am 17.03.1997 in ______________ geboren. Ihr Spitzname, unter dem sie allgemein bekannt ist, ist „Katie". Mutter und __________ waren selbst als Schwimmer aktiv, Katie folgte ihrem Bruder als Schwimmerin nach.

Ihre Karriere im Schwimmsport begann schon im Kindesalter von __________ Jahren. Als Schülerin brach sie alle ____________ ihrer Highschool, bis auf den über 100 Meter Brustschwimmen. 2011 und 2012 ____________ das Mädchen mehrere Jugendrekorde. Bereits im gleichen Jahr gewann sie als ____________ amerikanische Olympiateilnehmerin über 800 Meter bei den Olympischen Spielen in ____________ die Goldmedaille. Bei den Schwimmweltmeisterschaften 2013 errang Ledecky viermal Gold und brach drei ________________. 2015 brachte Katie es gleich auf fünf Weltmeistertitel und 2016 sammelte die mittlerweile 19-Jährige vier ________________ Goldmedaillen ein. 2017 holte die erfolgsverwöhnte Schwimmerin in Budapest wieder fünf ________________________. Als sie ____________ die Siegesserie wiederholen wollte, reichte es wegen einer ____________________ während des Turniers nur noch für ____________ Titel über 800 Meter. Die Schwimmerin, die von Kind auf immer nur ________________ hatte, schien zeitweise darunter zu _____________.

Dennoch gilt sie mit bisher ____________ Olympiasiegen, _____ Weltmeistertiteln und aktuell _______ Weltrekorden als eine der _____________ Schwimmsportlerinnen aller Zeiten. Der Wassersportweltverband FINA zeichnete Ledecky in den Jahren 2013 als „Schwimmerin des ___________" aus, 2015 und 2016 bekam sie von der FINA die Auszeichnung für die weltbeste Schwimmleistung. Der US-Schwimmverband ehrte Katie jährlich von 2013 bis 2018 als beste Sportlerin des Jahres mit der Verleihung der Goldenen ____________________ (Golden Goggle).

Katie gilt als schüchtern und ________________. Erst 2018 schloss sie ihren ersten Sponsorenvertrag mit der Sportindustrie ab. Sie studiert mittlerweile an der Universität ________________ Psychologie.

Schwimmen, sagt sie, sei für sie immernoch ein Hobby.

Katie Ledecky

Steckbrief

Name: ______________________

Spitzname: ______________________

Geburtsdatum: ______________________

Geburtsort: ______________________

Studium: ______________________

Sportdisziplin: ______________________

Karrierebeginn: ______________________

Sportliche Erfolge: ______________________

____

Auszeichnungen: ______________________

____

Besonderheiten: ______________________

____

Katie Ledecky

Vom Seepferdchen zur Goldmedaille

Viele Schwimmbäder bieten mittlerweile Babyschwimmkurse an. Denn im frühkindlichen Alter lernen Menschen das Schwimmen am besten. Und mit dem Schwimmen ist es wie mit dem Radfahren: Hat man es einmal gelernt, vergisst man es nicht mehr.

Die offizielle Schwimmkarriere eines Kindes beginnt in Deutschland oft mit einem Frühschwimmerabzeichen namens „Seepferdchen", in Österreich dient der „Pinguin" als Symbol. Aber Frühschwimmer sind keine sicheren Schwimmer. Viele Kinder „schwimmen sich dann hoch" über die Schwimmabzeichen in Bronze, Silber und Gold. Fachleute gehen jedoch davon aus, dass in Deutschland fast die Hälfte der Zehnjährigen nicht sicher schwimmen kann. Als sicherer Schwimmer gilt, wer das Schwimmabzeichen in Bronze besitzt. Dieses verlangt u. a. das Schwimmen einer 200-Meter-Strecke in weniger als einer Viertelstunde. Leider hat ein Viertel unserer Grundschulen kein Schwimmbad, um Schwimmunterricht durchzuführen, obwohl dort die meisten Kinder das sichere Schwimmen lernen und dieses Abzeichen erwerben können. Immerhin ertrinken in Deutschland jährlich etwa 500 Menschen.

Das silberne Abzeichen verlangt dann schon zwei Meter Tieftauchen, zehn Meter Streckentauchen und 400 Meter Schwimmen in 20 Minuten. Bis dahin sollten eigentlich in der Schule die meisten kommen, zumal Schwimmen, so sagen die meisten Ärzte, eine der gesündesten Sportarten überhaupt ist.

Der Schwimmleistungssport ist da ganz weit weg. Nicht jede kindliche „Wasserratte" hat auch das Zeug zum Schwimmsportler. Schwimmstars werden heute meist schon im Grundschulalter entdeckt und geformt, wie es auch bei Katie Ledecky der Fall war. Als Zehnjährige kam sie im „Nation's Capital Swim Club", einem der besten und größten US-Schwimmvereine, unter die Fittiche des Spitzentrainers Yuri Suguiyama, der sie zur ersten olympischen Goldmedaille führte.

Jetzt ist zweimal deine Meinung gefragt.

Warum ist es richtig, dass Menschen schon ganz früh schwimmen lernen?

____

____

____

Sollen deiner Meinung nach Schwimmkurse bis zum Alter von sechs Jahren kostenlos angeboten werden? Begründe deine Meinung.

____

____

____

____

Katie Ledecky

Welche Aussage ist richtig?

Welche Aussage ist richtig? Kreuze den entsprechenden Buchstaben an und finde die Lösung.

		richtig	falsch
1	In Deutschland ertrinken jährlich ca. 50 Menschen.	G	S
2	Katie Ledecky erreichte bis jetzt fünf Olympiasiege.	E	O
3	Viele Schwimmbäder bieten Babyschwimmkurse an.	E	L
4	2013 bis 2018 erhielt Katie die silberne Schwimmbrille.	D	P
5	Katie gilt als schüchtern und bescheiden.	F	M
6	Hat man Schwimmen gelernt, vergisst man es nicht mehr.	E	E
7	Katie begann ihre Karriere als Schwimmerin mit zwölf Jahren.	D	R
8	Schwimmstars werden heute erst im Erwachsenenalter entdeckt.	A	D
9	Katie gilt als eine der besten Schwimmerinnen aller Zeiten.	C	I
10	Katie Ledecky studiert Philosophie.	L	H
11	Katie Ledecky ist eine schwedische Schwimmerin.	L	E
12	Im frühkindlichen Alter lernen Menschen das Schwimmen am leichtesten.	N	E

Das Lösungswort:
Zuerst:

1	2	3	4	5	6	7	8	9	10	11	12

Die falschen Buchstaben ergeben auch ein Lösungswort:
Dann:

1	2	3	4	5	6	7	8	9	10	11	12

Schwimmerinnen und Schwimmer der Welt

Zehn der bekanntesten Schwimmerinnen und Schwimmer: Wer sind sie?
Suche im Internet und in anderen Medien und ergänze die Tabelle.

Name	Geburtsdatum	Geburtsort/Land	aktiv
	30.06.1985	Baltimore/USA	
Franziska von Almsick			nein
	17.08.1993	Salem/Schweden	
	07.08.1986	Halle/Deutschland	
Kalinka Hosszú			
Cesar Cielo			
	10.05.1995	Pasadena/USA	
Amaury Leveaux			
Simone Manuel			
	28.12.1994	Uttoxeter/Großbritannien	

Katie Ledecky

Schwimmmütze für Sie und Ihn

Gestalte eine coole Schwimmmütze für eine Schwimmerin und einen Schwimmer.

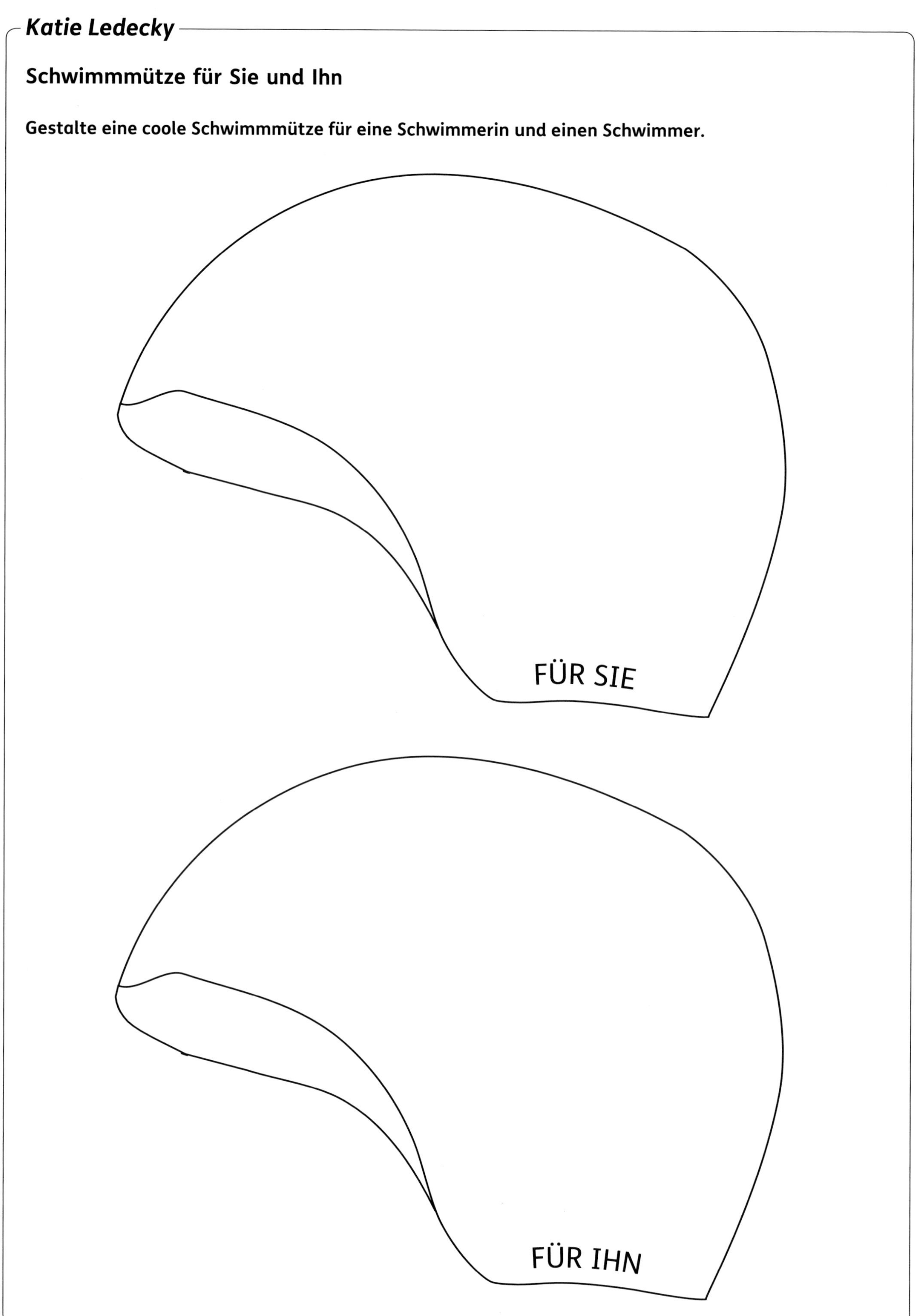

Katie Ledecky

Das große Schwimm-Würfelspiel

Gewinne das Würfel-Schwimmrennen für zwei bis drei Wettbewerbsteilnehmer.

WENDE → ZIEL

25	26	75
24	27	74
23	28	73
22	29	72
21	30	71
20	31	70
19	32	69
18	33	68
17	34	67
16	35	66
15	36	65
14	37	64
13	38	63
12	39	62
11	40	61
10	41	60
9	42	59
8	43	58
7	44	57
6	45	56
5	46	55
4	47	54
3	48	53
2	49	52
1	50	51

START WENDE

Schwimmer 1

WENDE → ZIEL

25	26	75
24	27	74
23	28	73
22	29	72
21	30	71
20	31	70
19	32	69
18	33	68
17	34	67
16	35	66
15	36	65
14	37	64
13	38	63
12	39	62
11	40	61
10	41	60
9	42	59
8	43	58
7	44	57
6	45	56
5	46	55
4	47	54
3	48	53
2	49	52
1	50	51

START WENDE

Schwimmer 2

WENDE → ZIEL

25	26	75
24	27	74
23	28	73
22	29	72
21	30	71
20	31	70
19	32	69
18	33	68
17	34	67
16	35	66
15	36	65
14	37	64
13	38	63
12	39	62
11	40	61
10	41	60
9	42	59
8	43	58
7	44	57
6	45	56
5	46	55
4	47	54
3	48	53
2	49	52
1	50	51

START WENDE

Schwimmer 3

2 Fehlstart – zurück zum Start

4 schlechter Startsprung – 1x aussetzen

7 Schwimmbrille beschlägt – 1x aussetzen

11 Rettungsring in der Bahn – weiter nur mit Sechser

13 Muskelkrampf – 1x aussetzen

17 Badekappe verloren – 8 Felder zurück

22 Du verschluckst dich – 1x aussetzen

26 Wende misslingt – 1x aussetzen

30 Gegner verliert Badehose, du bekommst einen Lachkrampf – weiter nur mit Vierer

32 Goldfische im Becken – 1x aussetzen

36 Schwimmbrille verloren – 10 Felder zurück

39 Ein Delfin will mit dir spielen – 10 Felder zurück

43 Badehose zu groß – 1x aussetzen

48 Quallen in der Bahn – 10 Felder zurück

51 Bei Wende Kopf angeschlagen – 2x aussetzen

55 Das Wasser ist voll Chlor, dir schwellen die Augen zu – 1x aussetzen

60 Du fängst an zu frieren – 1x aussetzen

63 Kind fällt ins Wasser, du musst es retten – 12 Felder zurück

69 Dich verlassen die Kräfte – weiter nur mit Sechser

72 Von der Bahn abgekommen – 12 Felder zurück

Katie Ledecky

Teste dein Wissen

Name: ______________________ Klasse: ______________________ Datum: ______________________

Beantworte die Fragen.

① **Wer ist Katie Ledecky?**

____

② **In welchem Jahr und wo wurde sie geboren?**

____

③ **Mit wie vielen Jahren begann Katie ihre Karriere im Schwimmsport?**

____

④ **In welchem Alter gewann sie viermal Gold und brach drei Weltrekorde?**

____

⑤ **Wie ehrte der US-Schwimmverband Katie jährlich von 2013 bis 2018?**

____

⑥ **Welches Fach studiert Katie Ledecky an der Universität Stanford?**

____

⑦ **Wie heißt das Frühschwimmerabzeichen?**

____

⑧ **Wer gilt in Deutschland als sicherer Schwimmer?**

____

⑨ **Warum ist es wichtig, dass Menschen ganz früh schwimmen lernen?**

____

⑩ **Welche Besonderheiten zu Katie Ledecky kannst du noch hinzufügen? (zwei Besonderheiten)**

____

____

Lösungen & Abbildungsnachweis

Katie Ledecky – Welche Aussage ist richtig? .... **Seite 56**

Das Lösungswort:
Zuerst:

1	2	3	4	5	6	7	8	9	10	11	12
S	E	E	P	F	E	R	D	C	H	E	N

Die falschen Buchstaben ergeben auch ein Lösungswort:
Dann:

1	2	3	4	5	6	7	8	9	10	11	12
G	O	L	D	M	E	D	A	I	L	L	E

Katie Ledecky – Schwimmerinnen und Schwimmer der Welt .... **Seite 57**

Name	Geburtsdatum	Geburtsort/Land	aktiv
Michael Phelps	30.06.1985	Baltimore/USA	**nein**
Franziska von Almsick	**05.04.1978**	**Berlin/Deutschland**	nein
Sarah Sjöström	17.08.1993	Salem/Schweden	**ja**
Paul Biedermann	07.08.1986	Halle/Deutschland	**nein**
Kalinka Hosszú	**03.05.1989**	**Pécs/Ungarn**	**ja**
Cesar Cielo	**10.01.1987**	**Santa Barbara/Brasilien**	**ja**
Missy Franklin	10.05.1995	Pasadena/USA	**ja**
Amaury Leveaux	**02.12.1985**	**Belfort/Frankreich**	**nein**
Simone Manuel	**02.08.1996**	**Sugar Land/USA**	**ja**
Adam Peaty	28.12.1994	Uttoxeter/Großbritannien	**ja**

Katie Ledecky at the 2018 USA Swimming Golden Goggle Awards.

Seite 51 mittig, Seite 52 oben, Seite 54 oben, Seite 55 oben, Seite 60 oben: von Michael Ledecky – Eigenes Werk, lizensiert unter: CC BY-SA 4.0,
URL: https://creativecommons.org/licenses/by-sa/4.0
https://commons.wikimedia.org/w/index.php?curid=75537031

Usain Bolt

Usain Bolt

Der schnellste Mensch der Welt

Usain Bolt ist ein ehemaliger Leichtathlet aus Jamaika. Er gilt bis heute als schnellster Sprinter aller Zeiten. Usain wurde am 21.08.1986 in dem jamaikanischen Dorf Sherwood Content geboren. Eigentlich wollte der Junge zuerst Kricketspieler werden, bevor er sich auf Anraten des Vaters für die Leichtathletik entschied. Dabei erwies es sich für seine Sportlerkarriere nie als Hindernis, dass eines seiner Beine um 1,5 Zentimeter kürzer ist, als das andere. „Lightning Bolt" heißt sein Spitzname.

Schon als 15-Jähriger gewann er 2002 die Juniorenweltmeisterschaft über 200 Meter in Kingston, der Hauptstadt Jamaikas. Die Leichtathletikweltmeisterschaft in Berlin brachte Bolt 2009 den Weltrekord über 100 Meter in 9,58 Sekunden, nachdem er im Jahr zuvor in Peking schon sensationelle 9,69 Sekunden gelaufen war. Die Weltöffentlichkeit war so beeindruckt, dass der Ausnahmesportler zwischen 2008 und 2013 je dreimal die Wahlen zum „Leichtathlet des Jahres" und zum „Weltsportler des Jahres" für sich entschied. Zumal der perfekte Kurzstreckenläufer bei drei Olympischen Spielen, in Peking 2008, in London 2012 und in Rio de Janeiro 2016, insgesamt neun Goldmedaillen, jeweils über 100 Meter, 200 Meter und in der 4-x-100-Meter-Staffel errang. Bolt ist bis heute, 2021, der einzige Mensch, der je die 100-Meter-Distanz unter 9,6 Sekunden lief.

2010, im Alter von 25 Jahren, veröffentlichte der Jamaikaner eine Autobiografie. Dem Leichtathleten wird ein gelassener Charakter und Liebe zur jamaikanischen Musik und zum Tanz nachgesagt. Dementsprechend engagiert er sich auch seit 2019 als Musikproduzent. Fußball liebt der Manchester-United-Fan Bolt so sehr, dass er ab 2017, nach dem Rücktritt von seiner Leichtathletikkarriere, über eine Tätigkeit als Fußballprofi nachdachte. Im heimatlichen Jamaika zeigte sich der Sportler auch sozial, denn 2013 schenkte er dem Gesundheitszentrum seines Geburtsortes fast vier Millionen Euro und zwei Jahre später spendierte er seiner alten Schule dort über eine Million Euro.

Beantworte die Fragen mit ganzen Sätzen in deinem Heft.

① **Wer ist Usain Bolt?**

② **Wann und wo wurde er geboren?**

③ **Welche Auszeichnungen erhielt der Ausnahmesportler 2008 bis 2013?**

④ **Wie viele Goldmedaillen gewann er bei den Olympischen Spielen?**

⑤ **Welche Sportart neben dem Sprintsport liebt Usain Bolt sehr?**

⑥ **In welchem Alter veröffentlichte er seine Autobiografie?**

⑦ **Wodurch zeigt Usain Bolt sein soziales Engagement?**

⑧ **Welche Informationen zu Usain Bolt kannst du hinzufügen?**

Usain Bolt

Lückentext

Ergänze die Textlücken mit den Wörtern aus dem Wortkasten.

Dorf • perfekte • Goldmedaillen • gelassener • sozial • schnellster • liebt • einzige • Beine • Millionen • beeindruckt • Schule • Leichtathlet • Weltrekord • Musik • engagiert • Autobiografie • Spitzname • Kricketspieler • gelaufen • lief • Hauptstadt • entschied

Usain Bolt ist ein ehemaliger ________________ aus Jamaika. Er gilt bis heute als ________________ Sprinter aller Zeiten. Usain wurde am 21.08.1986 in dem jamaikanischen ________________ Sherwood Content geboren. Eigentlich wollte der Junge zuerst ________________ werden, bevor er sich auf Anraten des Vaters für die Leichtathletik entschied. Dabei erwies es sich für seine Sportlerkarriere nie als Hindernis, dass eines seiner ________________ um 1,5 Zentimeter kürzer ist, als das andere. „Lightning Bolt" heißt sein ________________.

Schon als 15-Jähriger gewann er 2002 die Juniorenweltmeisterschaft über 200 Meter in Kingston, der ________________ Jamaikas. Die Leichtathletikweltmeisterschaft in Berlin brachte Bolt 2009 den ________________ über 100 Meter in 9,58 Sekunden, nachdem er im Jahr zuvor in Peking schon sensationelle 9,69 Sekunden ________________ war. Die Weltöffentlichkeit war so ________________, dass der Ausnahmesportler zwischen 2008 und 2013 je dreimal die Wahlen zum „Leichtathlet des Jahres" und zum „Weltsportler des Jahres" für sich ________________. Zumal der ________________ Kurzstreckenläufer bei drei Olympischen Spielen, in Peking 2008, in London 2012 und in Rio de Janeiro 2016, insgesamt neun ________________, jeweils über 100 Meter, 200 Meter und in der 4-x-100-Meter-Staffel errang. Bolt ist bis heute, 2020, der ________________ Mensch, der je die 100-Meter-Distanz unter 9,6 Sekunden __________.

2010, im Alter von 25 Jahren, veröffentlichte der Jamaikaner eine ________________. Dem Leichtathleten wird ein ________________ Charakter und Liebe zur jamaikanischen ________________ und zum Tanz nachgesagt. Dementsprechend ________________ er sich auch seit 2019 als Musikproduzent.

Fußball ________________ der Manchester-United-Fan Bolt so sehr, dass er ab 2017, nach dem Rücktritt von seiner Leichtathletikkarriere, über eine Tätigkeit als Fußballprofi nachdachte. Im heimatlichen Jamaika zeigte sich der Sportler auch ________________, denn 2013 schenkte er dem Gesundheitszentrum seines Geburtsortes fast vier ________________ Euro und zwei Jahre später spendierte er seiner alten ________________ dort über eine Million Euro.

Usain Bolt

Steckbrief

Name: ______________________

Spitzname: ______________________

Geburtsdatum: ______________________

Geburtsort: ______________________

Sportdisziplin: ______________________

Sportliche Erfolge: ______________________

____

Auszeichnungen: ______________________

____

Soziales Engagement: ______________________

____

Besonderheiten: ______________________

____

____

____

Usain Bolt

Die Geschichte des Laufsports

Wettlaufen gab es unter Menschen wohl immer, im Kinderspiel und auch für Jugendliche und junge Erwachsene beim Feiern: Wer ist der Schnellste bis zum nächsten Baum?

Die ersten organisierten Wettläufe, von denen wir wissen, fanden im antiken Griechenland als Teil religiöser Weihefeste statt. Am bekanntesten dafür war das Zeusheiligtum in Olympia. Dort maßen sich junge Männer in verschiedenen Laufwettbewerben, etwa im Stadionlauf über 190 Meter Distanz oder im Langlauf von 1500 Metern. Sie liefen vor dem Publikum nackt und barfuß auf dem staubigen Stadionboden. Die Sieger wurden reich und berühmt, man errichtete vielen sogar Statuen. Aber als die Antike unterging, verschwand das Laufen als Sport.

Erst die Wettleidenschaft der Engländer führte vor 250 Jahren zum Wiedererstehen des Laufsports. Genaue Taschenuhren konnten jetzt auch die Geschwindigkeit der Läufer präzise messen. Meist handelte es sich um Wetten auf extreme Langstrecken. Reiche Engländer setzten z. B. große Summen darauf, dass ein Mensch über große Distanzen schneller laufen könne als ein Pferd.

Durch den Neustart der Olympischen Spiele 1896 entstanden auch sportliche Laufwettbewerbe weltweit neu. Am Anfang standen als Sprintdisziplinen die 100-Meter-Strecke, der 110-Meter-Hürdenlauf, sowie 400 und 800 Meter. Usain Bolt erzielte über 100 Jahre später seine großen Erfolge auf den Kurzstrecken von 100 und 200 Metern. Er ist der schnellste Hundertmeterläufer aller Zeiten.

Die moderne Medizin hat festgestellt, dass Laufen gesund sein kann. Deshalb ist diese Sportart heute populär. Viele Gemeinden veranstalten öffentliche Laufwettbewerbe, wie etwa Stadtmarathons. In Stadt und Land laufen und „joggen“ auf den Wegen viele Menschen jeden Alters für ihre Gesundheit und Fitness. Wer nicht draußen laufen will, trainiert im Fitnessstudio oder daheim auf dem Laufband.

Was gehört zusammen? Verbinde entsprechend die Satzteile.

Die moderne Medizin hat festgestellt, dass	öffentliche Laufwettbewerbe.
Erst die Wettleidenschaft der Engländer führte	verschwand das Laufen als Sport.
Die ersten organisierten Wettläufe	war das Zeusheiligtum in Olympia.
Usain Bolt erzielte seine großen Erfolge auf	zum Wiedererstehen des Laufsports.
Wer nicht draußen laufen will, trainiert	Laufen gesund sein kann.
Als die Antike unterging,	im Fitnessstudio oder daheim auf dem Laufband.
Viele Gemeinden veranstalten	den Kurzstrecken von 100 und 200 Metern.
Der berühmteste Ort für griechische Wettläufe	fanden im antiken Griechenland statt.

Usain Bolt

Roboter schlägt Usain

Die Erfinder Arthur E. Brainstorm und Daniel Düsentrieb haben einen Roboter gebaut, der schneller ist als Usain Bolt. Wie sieht er aus? Zeichne oder male ihn.

100-Meter-Lauf-Würfelspiel

Für dieses Spiel brauchst du einen Würfel und Spielfiguren (oder Knöpfe, Papierkugeln, Steinchen). Das Spiel lässt sich beim Kopieren vergrößern und laminieren.

START

Fehlstart – zurück zum Start

Hund auf der Bahn – einmal aussetzen

umgeknickt – ... weiter nur mit ⚀

Du hast Rückenwind ... 5 Felder vorwärts

gestolpert – einmal aussetzen

von der Sonne geblendet ... weiter nur mit ⚁

Startnummer verloren ... 8 Felder zurück

Schnürsenkel offen – einmal aussetzen

Hustenanfall ... weiter nur mit ⚂

Zuschauer feuern dich an ... 6 Felder vorwärts

Gegner verliert Hose: Lachkrampf – einmal aussetzen

Du musst eine Wespe abwehren – einmal aussetzen

Familienring verloren: suchen 11 Felder zurück

Gegner gerempelt – einmal aussetzen

Wind kühlt dich ab ... 4 Felder vorwarts

Dein Trainer hat Herzanfall ... weiter nur mit ⚂

Schuh verloren ... 9 Felder zurück

Schildkröte auf der Bahn – einmal aussetzen

Muskelkrampf – einmal aussetzen

Gegenwind ... 6 Felder zurück

Kaugummi auf der Bahn ... weiter nur mit ⚀

Mitläufer gestürzt: helfen ... 7 Felder zurück

Pfütze auf der Laufbahn – einmal aussetzen

Regen: Die Bahn wird nass ... 7 Felder zurück

3 1 2

Usain Bolt

Konzentration ist wichtig

Vor jedem Rennen müssen sich Sprinter außerordentlich konzentrieren. Jedes kleine Zögern beim Start kann beispielsweise den Sieg kosten.

Hier ist dein Konzentrationstest: Wie viele Schuhe sind die richtigen?

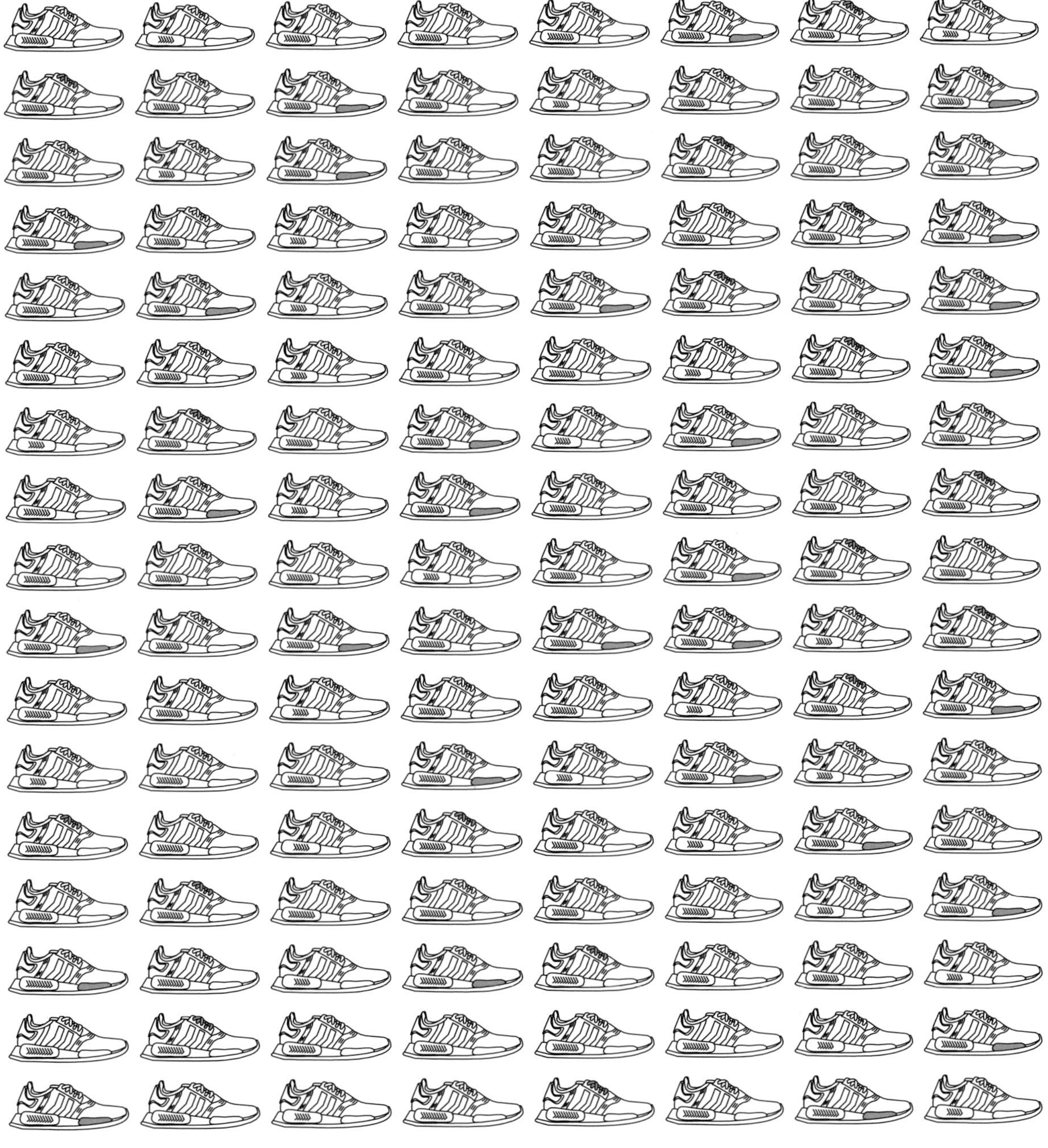

richtig: = _____ **Stück**

falsch:

Usain Bolt

Teste dein Wissen

Name: ______________________ Klasse: ______________________ Datum: ______________________

Beantworte die Fragen.

① **Wer ist Usain Bolt?**

____

② **In welchem Jahr und wo wurde er geboren?**

____

③ **In welchem Alter begann er seine Karriere?**

____

④ **Welche besonderen Erfolge erzielte er?**

____

⑤ **Welchen Ruf hat Usain Bolt als Mensch?**

____

⑥ **Wie zeigt Usain Bolt sein soziales Engagement?**

____

⑦ **Wann und wo gab es die ersten organisierten Wettläufe?**

____

⑧ **Wann und wo entstand der Laufsport wieder?**

____

⑨ **Welche besonderen Ehrungen erhielt Usain Bolt?**

____

⑩ **Welche Besonderheiten zu Usain Bolt kannst du hinzufügen? (zwei Besonderheiten)**

____

____

Lösungen & Abbildungsnachweis

Die moderne Medizin hat festgestellt, dass	öffentliche Laufwettbewerbe.
Erst die Wettleidenschaft der Engländer führte	verschwand das Laufen als Sport.
Die ersten organisierten Wettläufe	war das Zeusheiligtum in Olympia.
Usain Bolt erzielte seine großen Erfolge auf	zum Wiedererstehen des Laufsports.
Wer nicht draußen laufen will, trainiert	Laufen gesund sein kann.
Als die Antike unterging,	im Fitnessstudio oder daheim auf dem Laufband.
Viele Gemeinden veranstalten	den Kurzstrecken von 100 und 200 Metern.
Der berühmteste Ort für griechische Wettläufe	fanden im antiken Griechenland statt.

richtig: = 39 Stück

falsch:

Lösungen & Abbildungsnachweis

Usain Bolt bei den Olympischen Spielen 2012

Seite 62 mittig, Seite 63 oben, Seite 65 oben, Seite 66 oben, Seite 70 oben: von Nick Webb from London, United Kingdom – Usain BoltUploaded by Kafuffle, lizensiert unter: CC BY 2.0,
URL: https://creativecommons.org/licenses/by/2.0/
https://commons.wikimedia.org/w/index.php?curid=20600380

Kamil Stoch

Kamil Stoch

Skispringer mit Stil

Kamil Wiktor Stoch ist ein erfolgreicher polnischer Skispringer.
Er wurde in Zakopane (Polen) am 25.05.1987 geboren. Dort besuchte er eine Sportschule und studierte danach an der Sportuniversität in Krakau.

Skifahren lernte Kamil Stoch schon mit drei Jahren und als Neunjähriger machte er seine ersten Sprünge auf der Schanze. Bereits mit zwölf Jahren brachte er einen Sprung von 128 Metern Weite zustande. 2004 und im Folgejahr wurde er jeweils Juniorenvizeweltmeister. Der Durchbruch in die Weltspitze gelang ihm in der Saison 2010/2011, als er drei internationale Weltcupspringen in Zakopane, Klingenthal und Planica gewann. In den Saisons 2013/14 und 2017/18 wurde er Weltcupsieger. 2014 und 2018 erhielt er insgesamt drei olympische Goldmedaillen und eine Bronzemedaille. Bei den nordischen Skiweltmeisterschaften holte er zwischen 2013 und 2019 zwei Weltmeistertitel, einmal Silber und zweimal Bronze. Insgesamt siegte er in 33 Weltcupspringen im Einzel. Zweimal gewann er auch die Vierschanzentournee, 2018 sogar alle vier Sprungwettbewerbe, was vor ihm nur einmal dem deutschen Springer Sven Hannawald gelungen war. Die Vierschanzentournee ist Teil des Weltcups und findet jeweils in der Zeit um Neujahr nacheinander auf vier Großschanzen in Deutschland und Österreich statt.

Kamil gilt als ausgefeilter Skisprungtechniker mit besonders ästhetischer Körperhaltung bei Flug und Landung, weshalb er meist hervorragende Stilbewertungen bis zur Höchstnote 20 erhält.
Der Skispringer ist seit 2010 mit Ewa Bilan-Stoch verheiratet, die seine Managerin ist. Beide gründeten in Zakopane einen Skiclub zur Talentförderung.

Stoch ist bekannt für seine sozialen Aktivitäten. Der Springer überlässt seine Auszeichnungen, vor allem Pokale, verschiedenen Arten wohltätiger Auktionen. Er engagiert sich sehr für Kinder und unterstützt ihre Träume, einschließlich ihrer Träume von sportlichem Erfolg.

Beantworte die Fragen mit ganzen Sätzen in deinem Heft.

① **Wer ist Kamil Stoch?**

② **Wann und wo wurde er geboren?**

③ **In welchem Alter machte er die ersten Sprünge auf der Schanze?**

④ **In welcher Saison gelang Kamil Stoch der Durchbruch in die Weltspitze?**

⑤ **Was ist die Vierschanzentournee?**

⑥ **Als was für ein Skispringer gilt Kamil Stoch?**

⑦ **In welchen sozialen Projekten engagiert sich Kamil Stoch?**

⑧ **Welche aktuellen Informationen zu Kamil Stoch kannst du hinzufügen?**

Kamil Stoch

Lückentext

Ergänze die Textlücken mit den Wörtern aus dem Wortkasten.

Sprung • holte • Träume • Weltspitze • sozialen • studierte • Skispringer • Silber • polnischer • gewann • Managerin • Pokale • Juniorenvizeweltmeister • ausgefeilter • Bronze • Springer • Zakopane • 33 • Neujahr • Körperhaltung • drei • Goldmedaillen

Kamil Wiktor Stoch ist ein erfolgreicher ____________ Skispringer. Er wurde in ____________ (Polen) am 25.05.1987 geboren. Dort besuchte er eine Sportschule und ____________ danach an der Sportuniversität in Krakau.

Skifahren lernte Kamil Stoch schon mit ________ Jahren und als Neunjähriger machte er seine ersten Sprünge auf der Schanze. Bereits mit zwölf Jahren brachte er einen ____________ von 128 Metern Weite zustande. 2004 und im Folgejahr wurde er jeweils ____________________.

Der Durchbruch in die ______________ gelang ihm in der Saison 2010/2011, als er drei internationale Weltcupspringen in Zakopane, Klingenthal und Planica gewann. In den Saisons 2013/14 und 2017/18 wurde er Weltcupsieger. 2014 und 2018 erhielt er insgesamt drei olympische ________________ und eine Bronzemedaille. Bei den nordischen Skiweltmeisterschaften ________ er zwischen 2013 und 2019 zwei Weltmeistertitel, einmal ________ und zweimal ________. Insgesamt siegte er in _______ Weltcupspringen im Einzel.

Zweimal ____________ er auch die Vierschanzentournee, 2018 sogar alle vier Sprungwettbewerbe, was vor ihm nur einmal dem deutschen ____________ Sven Hannawald gelungen war. Die Vierschanzentournee ist Teil des Weltcups und findet in der Zeit um ____________ nacheinander auf vier Großschanzen in Deutschland und Österreich statt.

Kamil gilt als ________________ Skisprungtechniker mit besonders ästhetischer ______________ bei Flug und Landung, weshalb er meist hervorragende Stilbewertungen bis zur Höchstnote 20 erhält.

Der ____________ ist seit 2010 mit Ewa Bilan-Stoch verheiratet, die seine ______________ ist. Beide gründeten in Zakopane einen Skiclub zur Talentförderung.

Stoch ist bekannt für seine ____________ Aktivitäten. Der Springer überlässt seine Auszeichnungen, vor allem ____________, verschiedenen Arten wohltätiger Auktionen. Er engagiert sich sehr für Kinder und unterstützt ihre ____________, einschließlich ihrer Träume von sportlichem Erfolg.

Kamil Stoch

Steckbrief

Name: ____________________

Geburtsdatum: ____________________

Geburtsort: ____________________

Absolviertes Studium: ____________________

Sportdisziplin: ____________________

Sportliche Erfolge: ____________________

____

Auszeichnungen: ____________________

____

Soziales Engagement: ____________________

____

Besonderheiten: ____________________

____

____

____

Kamil Stoch

Skispringen

Skispringen gilt als gefährliche Sportart. Es stellt an die Sportler und ihre Ausrüstung große Anforderungen. Schanzenbau und -unterhalt, Sprungskier, Sprungbekleidung und Schutzhelme sind teuer. Skispringen taugt daher nicht zum Breitensport.

Beim Skispringen gleiten die Springer auf Skiern über eine Spur aus Schnee oder Kunststoff den steilen Anlauf einer Sprungschanze hinab. Mit ca. 90 Stundenkilometern springen sie am Schanzenende vom sogenannten Schanzentisch ab. Dabei ziehen sie die Skispitzen in die Höhe des Oberkörpers und bilden mit den Skiern ein Dreieck, „V-Form" genannt. Zur Landung stellt der Springer idealerweise die Ski in einem Ausfallschritt wieder parallel. Sprungweite und Körperhaltung bei Flug und Landung bewertet eine Jury zu gleichen Teilen mit Punkten. Kamil Stoch ist dabei berühmt für seine besondere Eleganz und bekommt oft hervorragende Haltungsnoten. Ein Sprungwettbewerb beginnt mit einem Qualifikationsspringen. Die besten Springer nehmen danach an zwei Wertungsspringen teil, deren Punktzahl addiert wird. Sieger ist der Springer mit der höchsten Punktzahl. Für den Weltcup werden die Punkte der Springer bei den Wettbewerben über das Jahr addiert.

Bei den größten Schanzen, den „Flugschanzen", spricht man sogar von „Skifliegen". Die Schanzengröße heißt „Hillsize" und beschreibt die berechnete Höchstflugweite der Schanze. Diese Weite ist markiert durch eine grüne oder blaue Linie am Ende des Landebereichs der Schanze. Dort beginnt bei weniger als 32° Neigung der flache Auslauf. Jenseits dieser Linie wird eine sichere Landung je nach Flugweite immer schwerer. 2019 sprang Kamil Stoch auf der Okurayama-Schanze in Japan weit über die dortige Hillsize-Linie (137 Meter). Er meisterte die gefährliche Landung. Diese riesige Flugweite (148,5 Meter) nennt man dort seither „Schanzenrekord für die Ewigkeit".

Unterstreiche im Text alle Fachbegriffe, die sich auf das Skispringen beziehen, und trage sie auf den Linien ein.

	S	
	K	
	I	
	S	
	P	
	R	
	I	
	N	
	G	
	E	
	N	

Kamil Stoch

Die bekanntesten Sprungschanzen

Recherchiere im Internet und verbinde deinen Ergebnissen entsprechend die Schanzen mit den Ländern, in denen sie stehen.

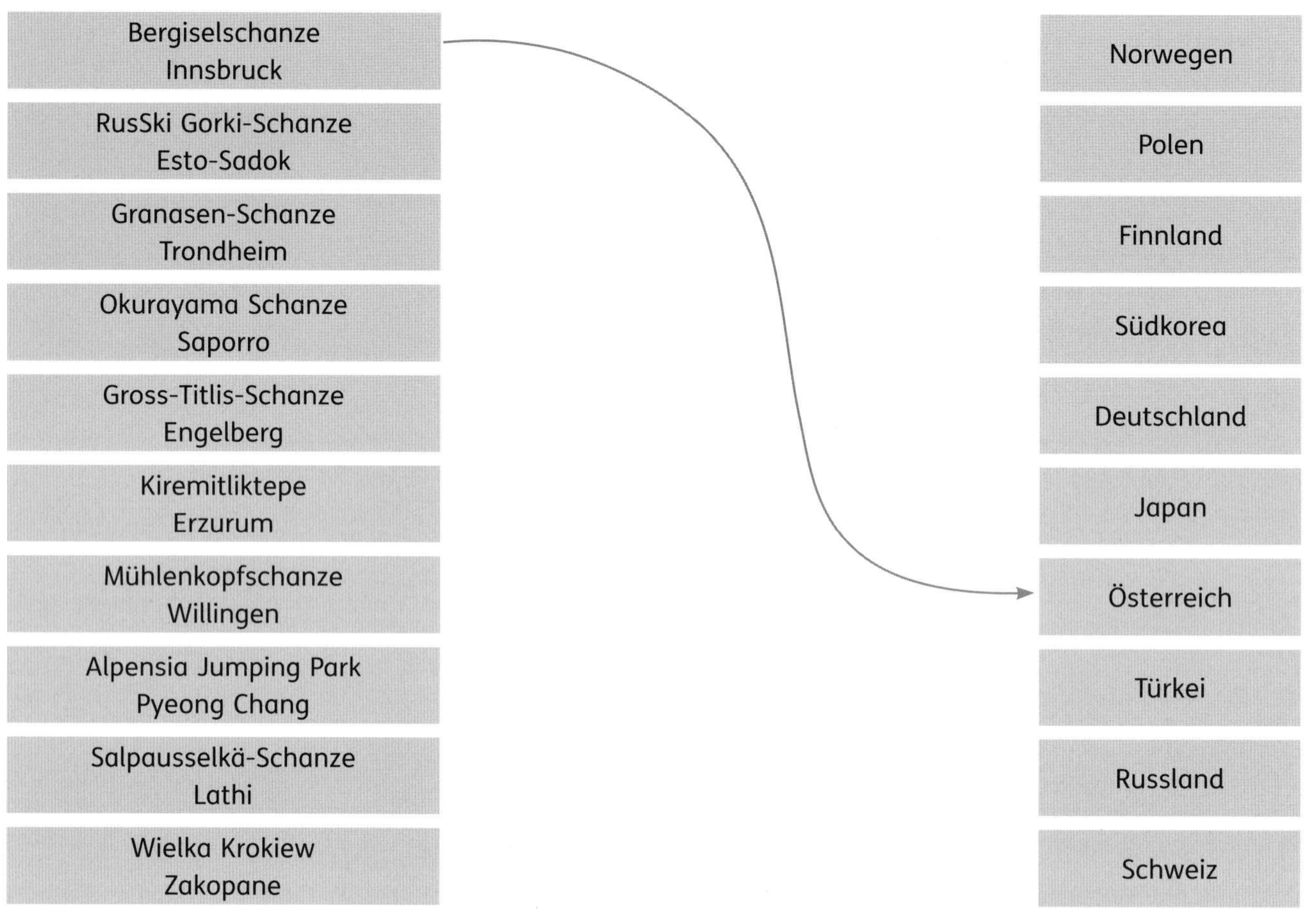

Ergänze die Textlücken im Text. Das Internet hilft dir.

Die größte Skisprunggroßschanze der Welt heißt ______________________ und steht in __________ in ______________. Sie wurde im Jahr _______ gebaut. Im Jahr _______ fand der Umbau zur weltgrößten Großschanze statt. Die Anlauflänge beträgt _______ Meter und die Hillsize (Schanzengröße) beträgt ______ Meter. Das Skisprungstadion bietet _____________ Zuschauern Platz.

Skispringen – Mindmap

Welche Begriffe gehören zum Thema Kamil Stoch und Skispringen? Ergänze die Mindmap und gestalte sie farbig.

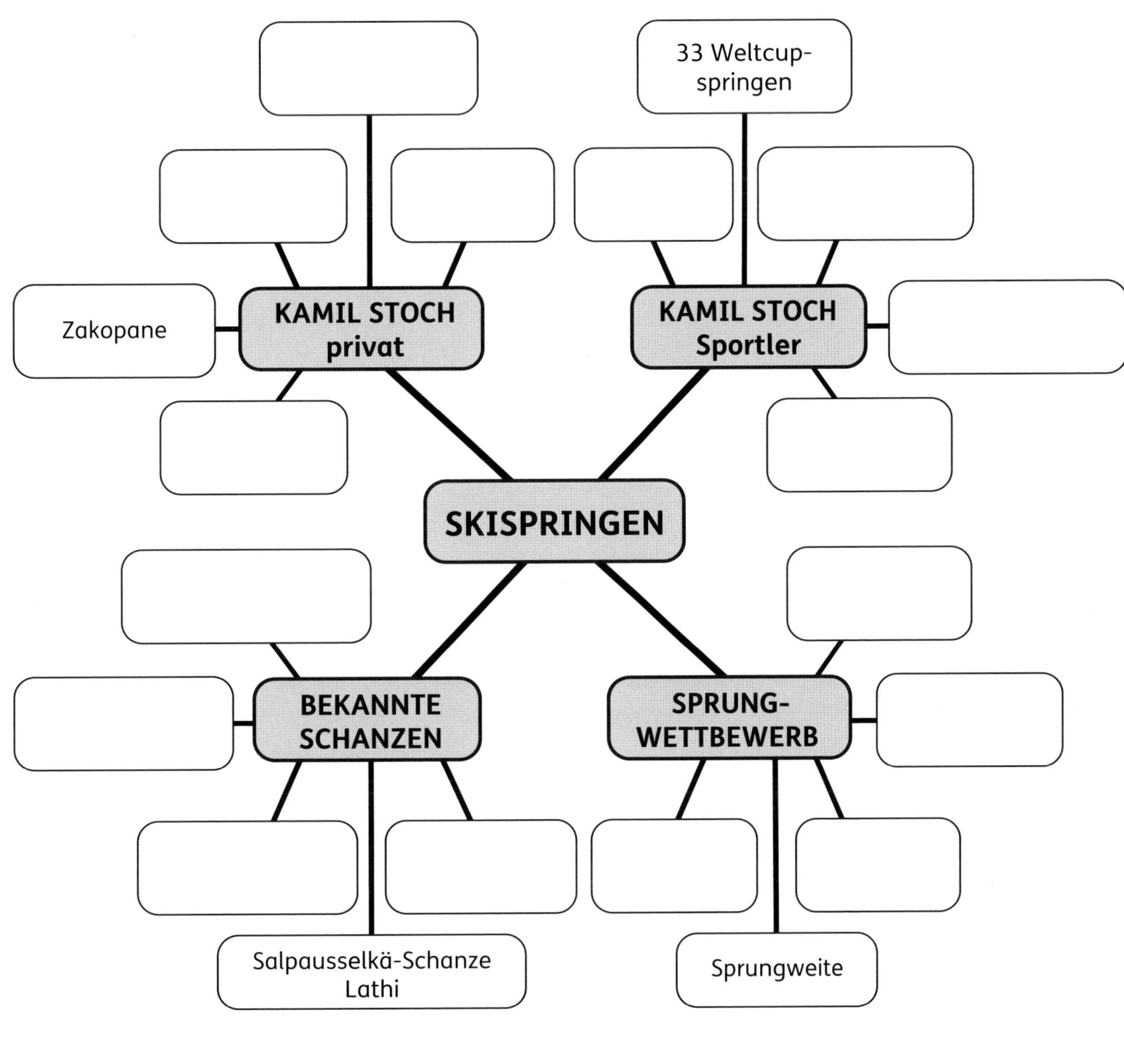

Piktogramme

Piktogramme sind Symbole, um Informationen sprachfrei darzustellen. Sie zeigen oft einfach gezeichnete Umrisse eines Bildes ohne besondere Details. Piktogramme müssen für jeden erkennbar und verständlich sein.

Entwirf in Schwarz-Weiß-Technik fünf verschiedene Piktogramme, die einen Skispringer in Aktion zeigen. Das Internet hilft dir.

Kamil Stoch

Der Sprung eines Siegers

Zeichne und male die Sprungschanze, auf der Kamil Stoch gerade den Sieg trainiert.

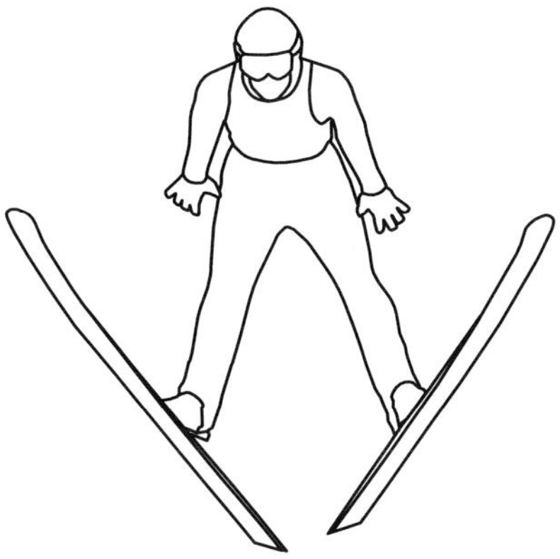

Kamil Stoch

Teste dein Wissen

Name: ______________________ Klasse: ______________________ Datum: ______________________

Beantworte die Fragen.

① Was ist Kamil Stoch von Beruf?

____

② In welchem Jahr und wo wurde er geboren?

____

③ In welchem Alter lernte Kamil Stoch Skilaufen?

____

④ Welchen besonderen Erfolg erzielte er 2018 bei der Vierschanzentournee?

____

⑤ Welchen Ruf hat Kamil Stoch als Skispringer?

____

⑥ Wie zeigt Kamil Stoch das soziale Engagement?

____

⑦ Warum taugt Skispringen nicht zum Breitensport? (zwei Gründe)

____

____

⑧ Wie heißt die größte Skisprunggroßschanze der Welt und wo ist sie?

____

⑨ Welche Besonderheiten zu Kamil Stoch kannst du hinzufügen? (zwei Besonderheiten)

____

____

Lösungen & Abbildungsnachweis

Kamil Stoch – Skispringen . . . . **Seite 77**

<table>
<tr><td>gefährlich</td><td rowspan="9">S
K
I
S
P
R
I
N
G
E
N</td><td>Punkte für Sprungweite</td></tr>
<tr><td>teuer</td><td>Punkte für Körperhaltung</td></tr>
<tr><td>kein Breitensport</td><td>Qualifikationsspringen</td></tr>
<tr><td>Spur aus Schnee oder Kunststoff</td><td>Wertungsspringen</td></tr>
<tr><td>steiler Anlauf</td><td>Weltcup</td></tr>
<tr><td>90 Stundenkilometer</td><td>Flugschanzen</td></tr>
<tr><td>Schanzentisch</td><td>Skifliegen</td></tr>
<tr><td>V-Form</td><td>Hillsize: blaue oder grüne Linie</td></tr>
<tr><td>Landung mit Ausfallschritt</td><td>Auslauf bei 32°</td></tr>
</table>

Kamil Stoch – Die bekanntesten Sprungschanzen . . . . **Seite 78**

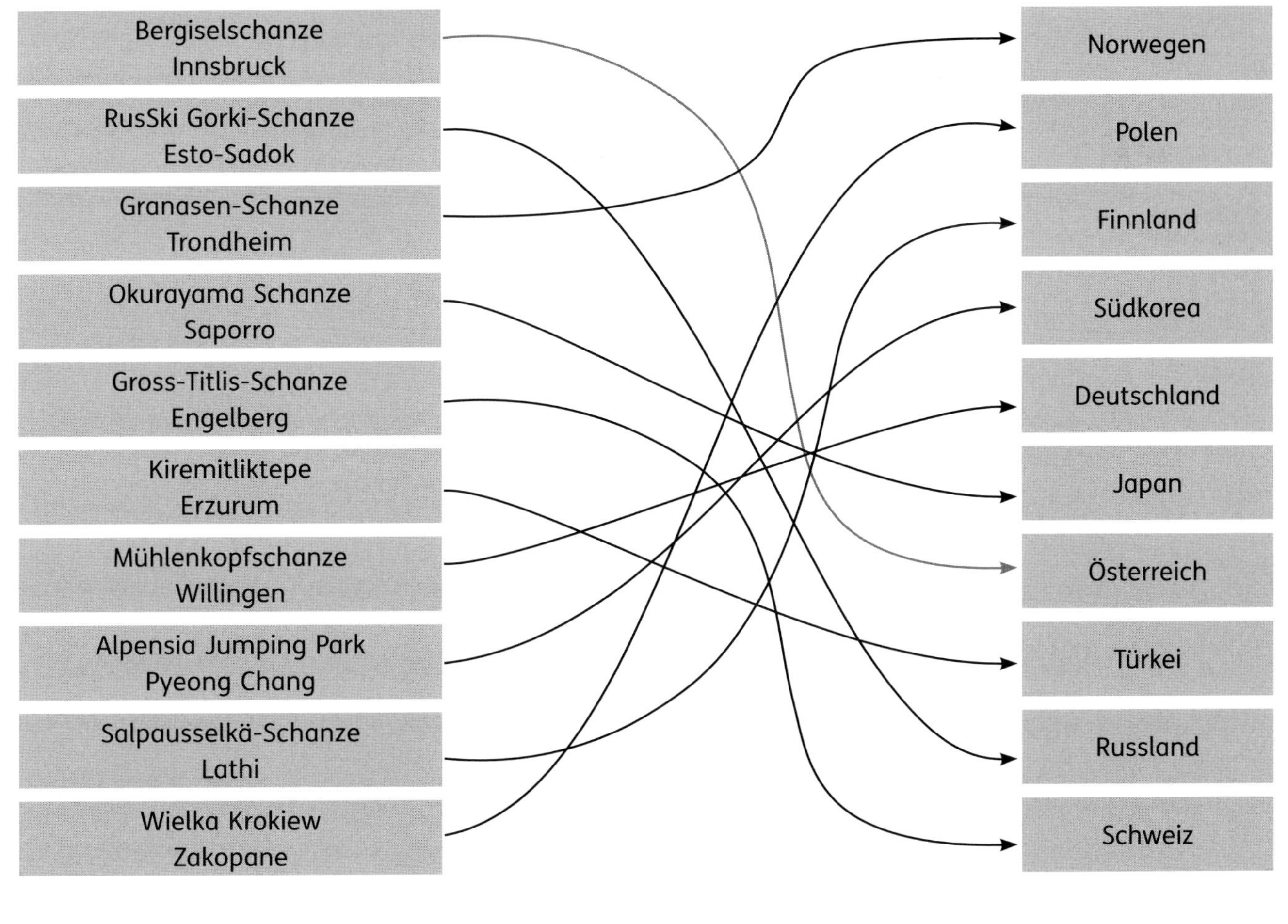

Lösungen & Abbildungsnachweis

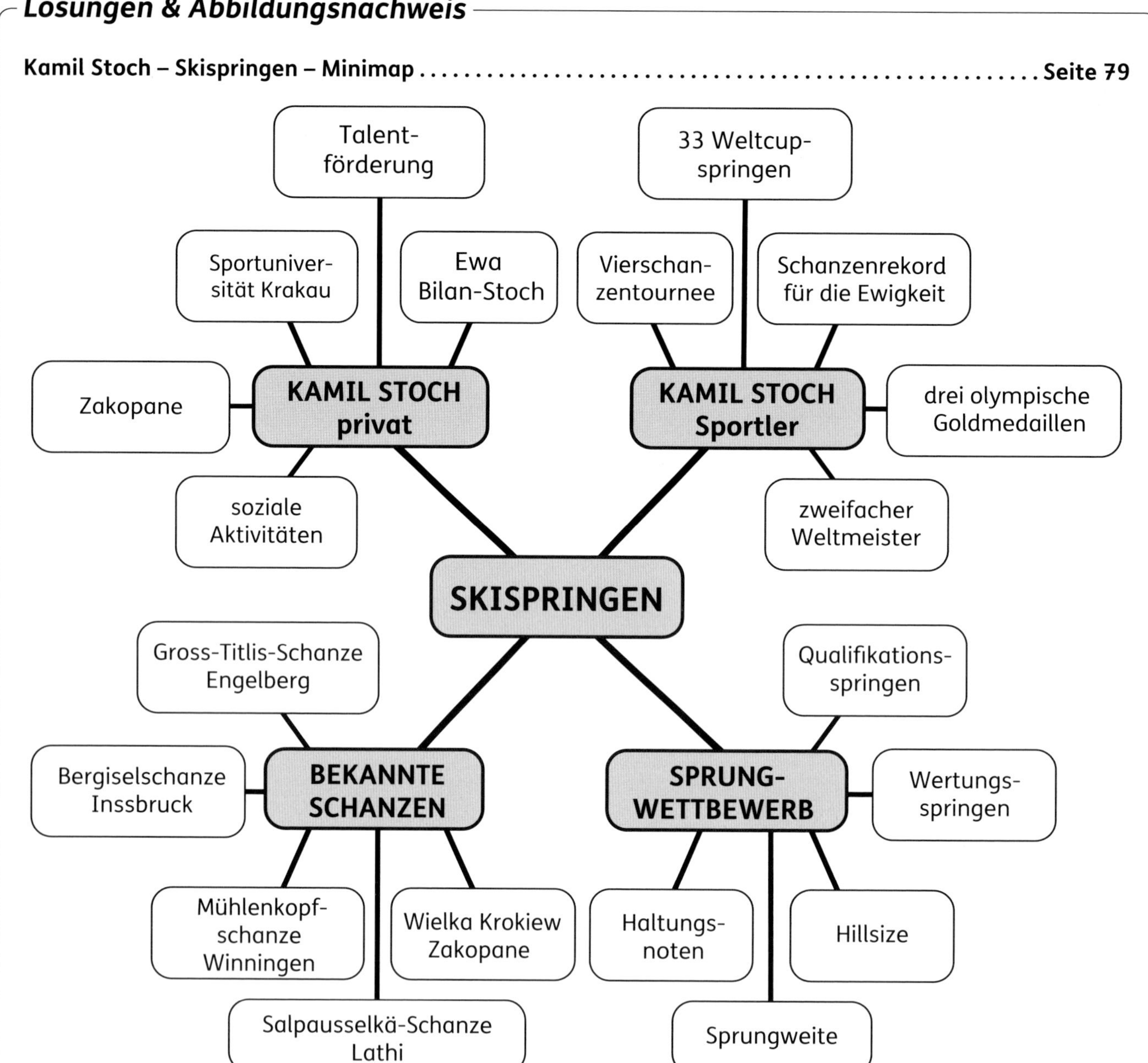

Seefeld, 26. Februar 2019: FIS Nordische Ski-WM, Training Skisprung Männer. Bild zeigt Kamil Stoch (POL).

Seite 73, mittig, Seite 74 oben, Seite 76 oben, Seite 82 oben: von Ailura, lizensiert unter: CC BY-SA 3.0 at, URL: https://creativecommons.org/licenses/by-sa/3.0/at/deed.de
https://commons.wikimedia.org/w/index.php?curid=76981033

Salpausselkä-Schanze

Seite 77 oben: von sdbj – Flickr, CC BY 2.0, URL: https://creativecommons.org/licenses/by/2.0/ https://commons.wikimedia.org/w/index.php?curid=3031656

Mühlenkopfschanze

Seite 78 oben: von Jeses – Eigenes Werk, CC BY-SA 3.0,
URL: https://creativecommons.org/licenses/by-sa/3.0/
https://commons.wikimedia.org/w/index.php?curid=1696083

Steffi Graf

Steffi Graf

Die deutsche Tenniskönigin

Stefanie Maria („Steffi") Graf ist eine frühere Tennisspielerin aus Deutschland. Sie wurde am 14.06.1969 in Mannheim geboren. Ihr Vater, Peter Graf, war Tennistrainer und lehrte sie ab dem dritten Lebensjahr das Tennisspiel. Schon früh galt sie als Wunderkind und nahm als 12-Jährige bereits erfolgreich an Erwachsenenturnieren teil. Ein Jahr später wurde sie mit 13 Jahren als Deutsche Jugendmeisterin Tennisprofi der Welttennisorganisation WTA. Ende 1984 stand die 15-Jährige auf Platz 22 der Weltrangliste, drei Jahre später erstmals auf Platz 1. Bis 1991 war sie ununterbrochen und bis 1997 insgesamt 377 Wochen Weltranglistenerste. 1988 siegte sie bei den Olympischen Spielen und allen vier sogenannten Grand-Slam-Turnieren. Die vier wichtigsten Tennisturniere der Welt – Australian, French und US Open sowie Wimbledon – werden zusammen als „Grand Slam" bezeichnet. Sie gewann so als erster und bisher einziger Tennisspieler überhaupt den „Golden Slam" (Grand Slam und Goldmedaille). Spätestens ab da galt sie als beste Tennisspielerin der Welt. Steffi Graf schlug die Vorhand härter, als alle Spielerinnen vor ihr, was ihr in den USA den Titel „Fräulein Forehand" einbrachte.

Seit 1995 kämpfte Steffi Graf zunehmend mit Verletzungen. Zusätzlich belastete sie der Vorwurf der Steuerhinterziehung gegen sie und ihren Vater, der ihr Manager war. Zwei Jahre später verlor sie die Weltranglistenführung an Martina Hingis. 1998 war sie nicht mehr in der Weltrangliste vertreten und 1999 beendete sie ihre Profikarriere. Mit 22 gewonnenen Grand-Slam-Turnieren und 900 Siegen bei nur 115 Niederlagen zählt sie zu den erfolgreichsten Tennisspielerinnen aller Zeiten. Bis 1999 wurde sie fünfmal zur deutschen, dreimal zur europäischen und einmal zur weltweiten Sportlerin des Jahres gewählt. 2009 erhielt sie die höchste staatliche Auszeichnung in Deutschland, das Bundesverdienstkreuz.

Am 22.10.2001 heiratete sie den US-amerikanischen Tennisweltstar Andre Agassi mit dem sie zwei Kinder hat. Die Familie lebt in Las Vegas in den USA.

Steffi Graf ist Gründerin und Vorsitzende der wohltätigen Stiftung „Children for Tomorrow", die sich um traumatisierte Kinder in aller Welt kümmert.

Beantworte die Fragen mit ganzen Sätzen in deinem Heft.

① **Wer ist Steffi Graf?**

② **Wann und wo wurde sie geboren?**

③ **In welchem Jahr stand sie zum ersten Mal auf Platz 1 der Weltrangliste?**

④ **Ab wann galt Steffi Graf als beste Tennisspielerin der Welt?**

⑤ **Was brachte ihr den Titel „Fräulein Forehand" ein?**

⑥ **Durch welche Erfolge zählt sie zu den erfolgreichsten Tennisspielerinnen aller Zeiten?**

⑦ **Welche Auszeichnung erhielt Steffi Graf 2009?**

⑧ **Welche aktuellen Infos zu Steffi Graf kannst du noch hinzufügen?**

Steffi Graf

Lückentext

Ergänze die Textlücken mit den Wörtern aus dem Wortkasten.

beste • bereits • vier • Bundesverdienstkreuz • Tennistrainer • erster • Las Vegas • kämpfte • Tennisturniere • Weltrangliste • Tennisspielerin • erfolgreichsten • Wunderkind • höchste • Kinder • Weltrangliste • Mannheim • heiratete • Gründerin • dritten • Manager • Wochen • einziger • Welt

Stefanie Maria („Steffi“) Graf ist eine frühere ____________________ aus Deutschland. Sie wurde am 14.06.1969 in ______________ geboren. Ihr Vater, Peter Graf, war ____________________ und lehrte sie ab dem ___________ Lebensjahr das Tennisspiel. Schon früh galt sie als ________________ und nahm als 12-Jährige _________________ erfolgreich an Erwachsenenturnieren teil. Ein Jahr später wurde sie mit 13 Jahren Deutsche Jugendmeisterin und Tennisprofi der Welttennisorganisation WTA. Ende 1984 stand die 15-Jährige auf Platz 22 der ______________________, drei Jahre später erstmals auf Platz 1. Bis 1991 war sie ununterbrochen und bis 1997 insgesamt 377 _________ Weltranglistenerste. 1988 siegte sie bei den Olympischen Spielen und allen ___________ sogenannten Grand-Slam-Turnieren. Die vier wichtigsten ________________ der Welt – Australian, French und US Open sowie Wimbledon – werden zusammen als „Grand Slam“ bezeichnet. Sie gewann so als ________________ und bisher ________ Tennisspieler überhaupt den „Golden Slam“ (Grand Slam und Goldmedaille). Spätestens ab da galt sie als ___________ Tennisspielerin der ___________. Steffi Graf schlug die Vorhand härter, als alle Spielerinnen vor ihr, was ihr in den USA den Titel „Fräulein Forehand“ einbrachte.

Seit 1995 _____________ Steffi Graf zunehmend mit Verletzungen. Zusätzlich belastete sie der Vorwurf der Steuerhinterziehung gegen sie und ihren Vater, der ihr ___________ war. Zwei Jahre später verlor sie die Weltranglistenführung an Martina Hingis. 1998 war sie nicht mehr in der ______________________ vertreten und 1999 beendete sie ihre Profikarriere. Mit 22 gewonnenen Grand-Slam-Turnieren und 900 Siegen bei nur 115 Niederlagen zählt sie zu den ____________________ Tennisspielerinnen aller Zeiten. Bis 1999 wurde sie fünfmal zur deutschen, dreimal zur europäischen und einmal zur weltweiten Sportlerin des Jahres gewählt. 2009 erhielt sie die _______________ staatliche Auszeichnung in Deutschland, das _______________________________.

Am 22.10.2001 ________________ sie den US-amerikanischen Tennisweltstar Andre Agassi mit dem sie zwei Kinder hat. Die Familie lebt in _______ _________ in den USA.

Steffi Graf ist ________________ und Vorsitzende der wohltätigen Stiftung „Children for Tomorrow“, die sich um traumatisierte _____________ in aller Welt kümmert.

Steffi Graf

Steckbrief

Name: ______________________

Spitzname: ______________________

Geburtsdatum: ______________________

Geburtsort: ______________________

Sportdisziplin: ______________________

Wichtige Siege: ______________________

____

Auszeichnungen: ______________________

____

Soziales Engagement: ______________________

____

Ende der Profi-Karriere: ______________________

Besonderheiten: ______________________

____

____

Steffi Graf

Grand Slam und Golden Slam

Wenn ein Tennisspieler im gleichen Jahr die vier bedeutendsten Tennisturniere der Welt gewinnt, nennen Fachleute das einen „Grand Slam“, auf Deutsch: „großer Schlag“. Der Begriff kommt aus dem Kartenspiel „Bridge“. Diese Grand-Slam-Turniere sind die Australian Open, die French Open, die britischen Wimbledon Championships und die US Open. Alle vier Wettbewerbe gelten für Tennisprofis wegen der höchsten Preisgelder und der meisten vergebenen Weltmeisterschaftspunkte als wichtigste Tennisereignisse im Jahr. Die Durchführung der Turniere erfolgt im sogenannten K.-o.-Verfahren, das heißt, wer einmal verliert, scheidet ganz aus. Obwohl die Turniere teilweise im Titel das Wort „Open“ tragen, also für alle offen zu sein scheinen, müssen sich die Spieler zur Teilnahme vorher qualifizieren. Dies geschieht entweder über den Weltranglistenplatz (104 Teilnehmer), ein vorheriges Qualifikationsturnier (16 Teilnehmer) oder über eine Einladung durch die Turnierleitung (acht Teilnehmer).

Grand-Slam-Turniere dauern etwa zwei Wochen. Es existieren fünf unterschiedliche Spielarten. Am bekanntesten ist das Einzelspiel gegeneinander (genannt „Einzel“), jeweils getrennt für Männer und Frauen. Es gibt aber auch das Spiel von je zwei Spielern gegeneinander (genannt „Doppel“). Auch dieses ist geschlechtlich getrennt. Hinzu tritt ein gemischtes Zweierspiel, bei dem je ein Mann und eine Frau als Paar gegeneinander spielen (genannt „Mixed“).

Der Grand Slam ist die höchste Ehre, die ein Tennisspieler erringen kann. Bisher erreichten ihn im Einzel nur fünf Spielerinnen oder Spieler, im Doppel erst zwei Paare und im Mixed ein Paar. Wenn es in einem olympischen Jahr gelingt, zusätzlich zum Grand Slam die olympische Goldmedaille zu gewinnen, spricht man von einem Golden Slam. Dies brachte als einziger Tennisspieler der Welt bisher Steffi Graf 1988 zustande.

Unterstreiche im Text alle Begriffe, die einen Grand Slam beschreiben, und trage sie in die Kästchen ein.

	G R	
	A N	
	D	
	S L	
	A M	

Steffi Graf

Kreuzworträtsel

Löse das Kreuzworträtsel und finde das Lösungswort.

1 Steffi Graf galt als beste Tennisspielerin der ... .
2 Das gemischte Zweierspiel heißt ... ..
3 Steffi Grafs Geburtsort ist ... .
4 Schon früh galt Steffi als ... .
5 1999 beendete Steffi ihre ... .
6 Für Tennisspieler ist der ... die höchste Ehre.
7 Grand-Slam-Turniere dauern etwa zwei ... .
8 Steffi lebt mit ihrer Familie in Las ... .
9 Im Tennis bezeichnet man als „..." das Spiel von je zwei Spielern gegeneinander.
10 Steffis Vater war ... .
11 „Grand Slam" heißt auf Deutsch „Großer ... ".
12 Steffi Graf gründete die Stiftung „Children for ...".
13 Steffis Mann heißt Andre ... .
14 Steffi hieß wegen ihres Tennisstils „Fräulein ...".

Das Lösungswort:

Steffis Mann war auch ein:

1	2	3	4	5	6	7	8	9	10	11	12	13	14

Steffi Graf Kollektion

Steffi Graf brachte eine Kollektion verschiedener Artikel (Sportbekleidung, Brillen, Kosmetik, Parfüm) auf den Markt.

Entwirf sechs verschiedene Artikel für ihre neue Kollektion. Das Internet kann dich inspirieren.

Steffi Graf

Tennisschlägerchaos

Wie viele Tennisschläger hat der Verein? Zähle nach.

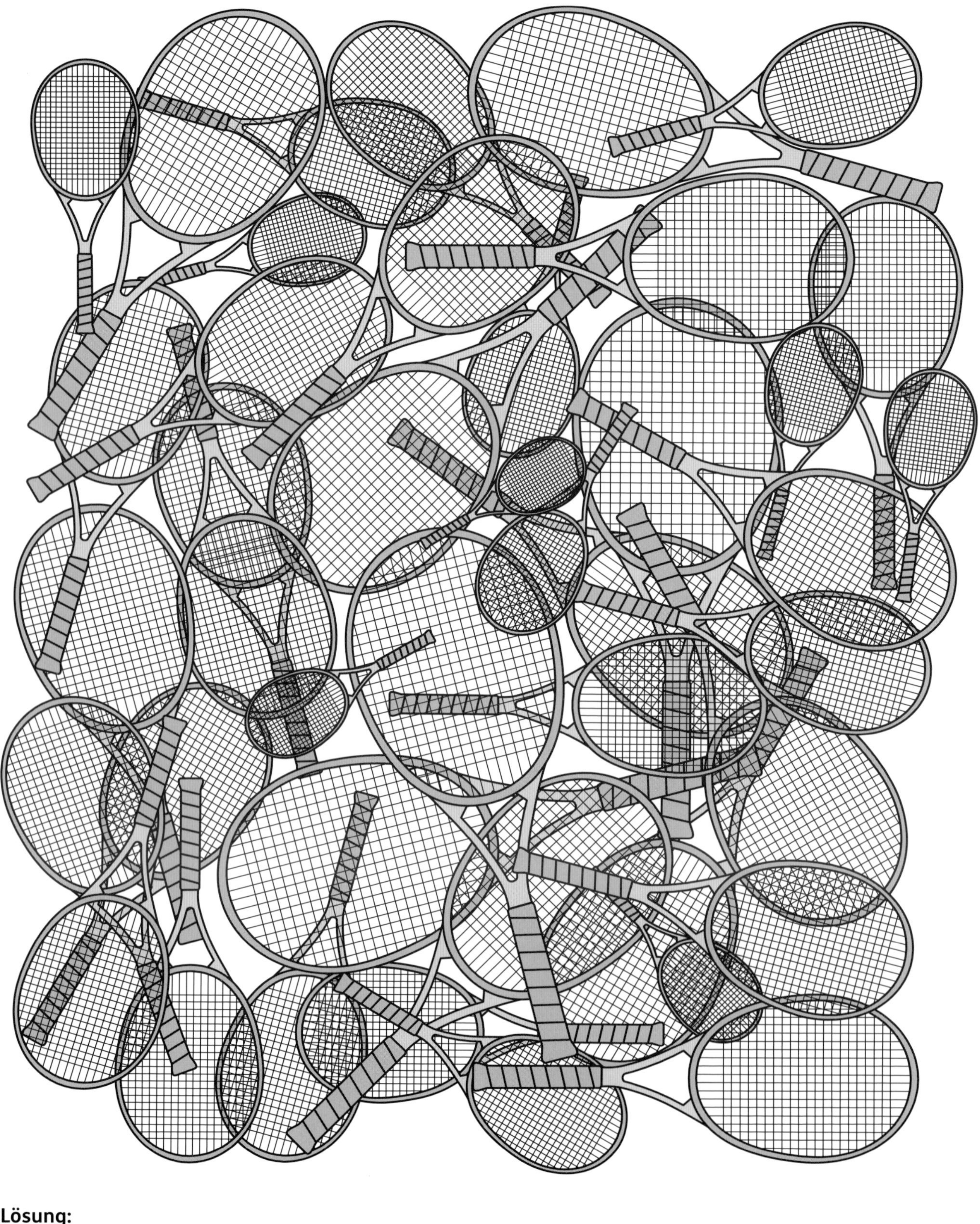

Lösung:

Es sind ______________ Tennisschläger.

Steffi Graf

Teste dein Wissen

Name: ______________ Klasse: ______________ Datum: ______________

Beantworte die Fragen.

① **Wer ist Steffi Graf?**

____

② **In welchem Jahr und wo wurde sie geboren?**

____

③ **In welchem Alter lernte sie das Tennisspiel?**

____

④ **Wer war Steffis Trainer und Manager?**

____

⑤ **Was ist ein „Grand Slam"?**

____

⑥ **Wann spricht man von einem „Golden Slam"?**

____

⑦ **Wie wurde Steffi in den USA wegen ihrer Spielweise genannt?**

____

⑧ **Wie viele Grand-Slam-Turniere gewann Steffi Graf insgesamt?**

____

⑨ **Welche besondere staatliche Auszeichnung erhielt sie in Deutschland?**

____

⑩ **Welche Besonderheiten zu Steffi Graf kannst du hinzufügen? (zwei Besonderheiten)**

____

____

Lösungen & Abbildungsnachweis

Steffi Graf – Grand Slam und Golden Slam .... **Seite 89**

„großer Schlag“	**G R**	K.-O.-System
Australian Open	**A N**	Qualifikationsturnier
French Open	**D S**	Einzel, Doppel, Mixed
Wimbledon	**L**	höchste Ehre
US Open	**A M**	Golden Slam

Steffi Graf – Kreuzworträtsel .... **Seite 90**

1				W	E	L	**T**								
2				M	I	X	**E**	D							
3					M	A	**N**	N	H	E	I	M			
4					W	U	**N**	D	E	R	K	I	N	D	
5			P	R	O	F	**I**	K	A	R	R	I	E	R	E
6		G	R	A	N	D	**S**	L	A	M					
7							**W**	O	C	H	E	N			
8						V	**E**	G	A	S					
9		D	O	P	P	E	**L**								
10	T	E	N	N	I	S	**T**	R	A	I	N	E	R		
11							**S**	C	H	L	A	G			
12							**T**	O	M	O	R	R	O	W	
13							**A**	G	A	S	S	I			
14					F	O	**R**	E	H	A	N	D			

Lösungen & Abbildungsnachweis

Das Lösungswort:

Steffis Mann war auch ein:

1	2	3	4	5	6	7	8	9	10	11	12	13	14
T	E	N	N	I	S	W	E	L	T	S	T	A	R

Steffi Graf – Tennisschlägerchaos .... **Seite 92**

Lösung:

Es sind 42 Tennisschläger.

Steffi Graf während eines Charity-Tennis-Turniers für Rexona

Seite 85 mittig, Seite 86 oben, Seite 88 oben, Seite 89 oben, Seite 93 oben: von Mark Henckel from Hamburg-Altona, Deutschland (http://sommer-in-hamburg.de/) – Steffi Graf in Hamburg, lizensiert unter CC BY-SA 2.0,
URL: https://creativecommons.org/licenses/by-sa/2.0/
https://commons.wikimedia.org/w/index.php?curid=20456370

Graf mit Ehemann Andre Agassi in Wimbledon (2009)

Seite 90 oben: von Chris Eason from London – Got'em!, lizensiert unter CC BY 2.0,
URL: https://creativecommons.org/licenses/by/2.0/
https://commons.wikimedia.org/w/index.php?curid=19946871

Michael Schumacher

Michael Schumacher

Der beste Formel-1-Rennfahrer aller Zeiten

Michael Schumacher ist bis heute (Stand Oktober 2020) mit sieben Weltmeistertiteln und 91 Grand-Prix-Siegen der erfolgreichste Rennfahrer der Formel-1-Geschichte. Noch heute hält er die meisten Formel-1-Rekorde, etwa für den schnellsten je gefahrenen Formel-1-Grand-Prix mit einer Durchschnittsgeschwindigkeit von 248 Stundenkilometern 2003 in Monza.

Schumacher wurde am 03.01.1969 in Hürth geboren. Als sein Vater Pächter einer Kartbahn in Kerpen wurde, verbrachte Michael seit dem fünften Lebensjahr auf der Rennbahn den größten Teil seiner Freizeit, zusammen mit seinem jüngeren Bruder Ralf, der ebenfalls Rennfahrer wurde. 1984 war Michael deutscher Meister, ein Jahr später Vizeweltmeister der Kartjunioren. 1987 errang er die deutsche Kartmeisterschaft für Erwachsene. Nach der mittleren Reife begann Michael eine Lehre als Kfz-Mechaniker in der Firma des bekannten Rennfahrers Willi Bergmeister, wo er 1989 die Gesellenprüfung ablegte. Zu dieser Zeit entdeckte der Rennsportmanager Willi Weber Schumachers Begabung und nahm ihn unter Vertrag. In den zwei Folgejahren nahm Michael Schumacher an verschiedenen Rennsportwettbewerben und Sportwagen-Weltmeisterschaften teil. 1992 fuhr er für den Rennstall Jordan sein erstes Formel-1-Rennen beim Großen Preis von Belgien. Er wechselte zu Benetton und wurde 1994 und 1995 Formel-1-Weltmeister. Ein Jahr später ging er zu Ferrari und gewann 2000 bis 2004 fünfmal hintereinander die Weltmeisterschaft. Ab 2006 machte er eine vierjährige Pause. Danach fuhr er nochmals drei Jahre lang für Mercedes, bevor er seine Karriere 2012 beendete.

Schumacher ist verheiratet und hat zwei Kinder. Der Sohn Mick ist ebenfalls Rennfahrer, die Tochter Gina Maria wurde Jugendweltmeisterin im Reining-Westernreiten. Auch die Ehefrau Corinna ist Sportreiterin. Seit 1996 wohnt die Familie in der Schweiz.

Michael Schumacher setzte sich öffentlich für Organspenden ein und spendete mehrfach Millionen für wohltätige Zwecke. Nach einem schweren Skiunfall 2013 befindet sich Michael Schumacher in medizinischer Behandlung.

Beantworte die Fragen mit ganzen Sätzen in deinem Heft.

① **Wer ist Michael Schumacher?**

② **Wann und wo wurde er geboren?**

③ **Wo verbrachte Michael Schumacher seit dem fünften Lebensjahr seine Freizeit?**

④ **Welche Ausbildung machte er nach der mittleren Reife?**

⑤ **Für welchen Rennstall fuhr er 1992 sein erstes Formel-1-Rennen?**

⑥ **Bei welchem Rennstall gewann Michael Schumacher fünfmal hintereinander die Weltmeisterschaft?**

⑦ **Wann beendete er seine Karriere?**

⑧ **Welche aktuellen Infos zu Michael Schumacher kannst du noch hinzufügen?**

Michael Schumacher

Lückentext

Ergänze die Textlücken mit den Wörtern aus dem Wortkasten.

Tochter • fünften • verschiedenen • Schweiz • Weltmeistertiteln • wechselte • deutscher • Rennfahrer • Skiunfall • Freizeit • schnellsten • Karriere • Pächter • Weltmeisterschaft • Erwachsene • Hürth • zwei • Bruder • Gesellenprüfung • nahm • 1992 • Lehre • Sohn

Michael Schumacher ist bis heute (Stand Oktober 2020) mit sieben ____________________ und 91 Grand-Prix-Siegen der erfolgreichste ________________ der Formel-1-Geschichte. Noch heute hält er die meisten Formel-1-Rekorde, etwa für den ________________ je gefahrenen Formel-1-Grand-Prix mit einer Durchschnittsgeschwindigkeit von 248 Stundenkilometern 2003 in Monza.

Schumacher wurde am 03.01.1969 in ___________ geboren. Als sein Vater ________________ einer Kartbahn in Kerpen wurde, verbrachte Michael seit dem ___________ Lebensjahr auf der Rennbahn den größten Teil seiner ________________, zusammen mit seinem jüngeren ________________ Ralf, der ebenfalls Rennfahrer wurde. 1984 war Michael ________________ Meister, ein Jahr später Vizeweltmeister der Kartjunioren. 1987 errang er die deutsche Kartmeisterschaft für ________________. Nach der mittleren Reife begann Michael eine ____________ als Kfz-Mechaniker in der Firma des bekannten Rennfahrers Willi Bergmeister, wo er 1989 die ______________________ ablegte. Zu dieser Zeit entdeckte der Rennsportmanager Willi Weber Schumachers Begabung und _________ ihn unter Vertrag. In den zwei Folgejahren nahm Michael Schumacher an ______________________ Rennsportwettbewerben und Sportwagen-Weltmeisterschaften teil. _________ fuhr er für den Rennstall Jordan sein erstes Formel-1-Rennen beim Großen Preis von Belgien. Er ________________ zu Benetton und wurde 1994 und 1995 Formel-1-Weltmeister. Ein Jahr später ging er zu Ferrari und gewann 2000 bis 2004 fünfmal hintereinander die ____________________. Ab 2006 machte er eine vierjährige Pause. Danach fuhr er nochmals drei Jahre lang für Mercedes, bevor er seine _____________ 2012 beendete.

Schumacher ist verheiratet und hat ___________ Kinder. Der _________ Mick ist ebenfalls Rennfahrer, die _____________ Gina Maria wurde Jugendweltmeisterin im Reining-Westernreiten. Auch die Ehefrau Corinna ist Sportreiterin. Seit 1996 wohnt die Familie in der ___________.

Michael Schumacher setzte sich öffentlich für Organspenden ein und spendete mehrfach Millionen für wohltätige Zwecke. Nach einem schweren ________________ 2013 befindet sich Michael Schumacher in medizinischer Behandlung.

Michael Schumacher

Steckbrief

Name: ______________________

Geburtsdatum: ______________________

Geburtsort: ______________________

Ausbildung: ______________________

Sportdisziplin: ______________________

Rennställe: ______________________

____

Ende der Profi-Karriere: ______________________

Sportliche Erfolge: ______________________

____

Soziales Engagement: ______________________

____

Besonderheiten: ______________________

____

____

Michael Schumacher

Formel 1

Die Motorsportart Formel 1 (kurz: F1), wurde vom internationalen Automobilsportverband FIA im Jahr 1950 eingeführt. Rennwagenhersteller bauen dafür Sportwagen nach technischen Regeln der FIA. Für diese Fahrzeuge führt die FIA weltweit Wettbewerbe durch. Die F1 gilt als Königsklasse des Automobilsports, weil sie an Organisatoren, Techniker und Rennfahrer extreme Ansprüche stellt.

Für diese Rennveranstaltungen wählt die FIA jedes Jahr etwa 20 Länder auf der ganzen Welt aus. Die Rennen heißen „Großer Preis“ des jeweiligen Landes (z.B. Großer Preis von Deutschland). Hersteller oder reiche Privatleute organisieren ihre Wettbewerbsteilnahme in sogenannten Rennställen. Diese ziehen während der F1-Saison zu den internationalen Rennstrecken.

Der Ablauf eines Großen Preises ist meist ähnlich:
Am Freitag beginnt er mit Trainingsfahrten. Am Samstag folgt die Qualifikation, ein Zeitrennen, bei dem um die besten Startplätze gefahren wird. Am Sonntag erfolgt dann der Rennstart durch Ampelsignale. Nachtanken während des Rennens ist verboten. Reifenwechsel und Reparaturen, genannt „Boxenstopp“, sind erlaubt, kosten aber viele wertvolle Zehntelsekunden, auf die es bei Autorennen ankommt. Dementsprechend sind auch die einsitzigen F1-Rennwagen gebaut. Sie haben weder Dach noch Kotflügel. Ihre Karosserie besteht aus Leichtmetall und Kunststoff. Motoren bis zu 1000 PS Leistung treiben die Wagen an, die Spitzengeschwindigkeiten von mehr als 350 Stundenkilometern erreichen. Kein Wunder, dass nach einem Rennwochenende die walzenförmigen Reifen aus speziellem Gummigemisch abgefahren sind.

Fahrerweltmeister wird der Fahrer mit den meisten Punkten aus den Rennen des Jahres. Der Hersteller, der nach Punkten vorne liegt, erringt den Weltmeistertitel der Konstrukteure. Michael Schumacher siegte bei sieben Weltmeisterschaften und ist der beste Formel-1-Fahrer aller Zeiten. Erfolgreichster Konstrukteur ist der italienische Sportwagenhersteller Ferrari als 16-facher Weltmeister.

Heute stellen allerdings viele Menschen die Formel 1 aus Gründen des Umweltschutzes infrage. Sie meinen, die Zukunft gehöre dem Elektroauto.

Welche Aussage ist richtig? Kreuze an und finde die Lösung.

		richtig	falsch
1	Formel-1-Rennautos haben weder Dach noch Kotflügel.	M	F
2	Der Sportwagenhersteller Ferrari wurde 16-facher Weltmeister.	E	R
3	Viele Menschen meinen, die Zukunft gehöre den Rennautos.	E	R
4	Michael Schumacher siegte bei zwei Weltmeisterschaften.	I	C
5	Die Formel 1 wurde 1960 eingeführt.	Z	E
6	Reifenwechsel ist während des Rennens erlaubt.	D	E
7	Ein typischer Großer Preis beginnt am Freitag mit Trainingsfahrten.	E	I
8	Nachtanken während des Rennens ist erlaubt.	T	S

Die Lösung:

Zum Schluss fuhr Michael Schumacher für:

1	2	3	4	5	6	7	8

Die falschen Buchstaben ergeben auch ein Lösungswort:

Viele Motorsportfans verbringen ihre

1	2	3	4	5	6	7	8

an den Rennstrecken.

Michael Schumacher

Formel-1-Flaggen

Während der Formel-1-Rennen werden an der Strecke je nach Situation verschiedene Signalflaggen geschwenkt. Wie sehen sie aus? Recherchiere im Internet und male sie richtig aus.

Vorsicht: Gefahr

Sofort in die Box

Achtung: Rutschgefahr!

Rennen abgebrochen

Langsames Fahrzeug auf der Strecke

Letzte Verwarnung

Gefahr vorbei

Disqualifikation

Überholen lassen!

Ziel erreicht

Berühmte Rennfahrer

Finde im Suchrätsel die Namen der folgenden 16 berühmten Rennfahrer aus Gegenwart und Vergangenheit. Vor- und Nachnamen sind zusammengeschrieben. ↓ →

Michael Schumacher • Lewis Hamilton • Niki Lauda • Sebastian Vettel • Nico Rosberg • Mika Häkkinen • Kimi Raikkönen • James Hunt • Rudolf Caracciola • Ralf Schumacher • Fernando Alonso • Phil Hill • Charles Leclerc • Sergio Peres • Max Verstappen • Ayrton Senna

N	I	C	O	R	O	S	S	B	E	R	G	Q	G	A	E	Q	F	C	B	H	W	M	K	N
M	I	C	H	A	E	L	S	C	H	U	M	A	C	H	E	R	E	S	R	K	N	R	Y	T
A	A	Y	R	T	O	N	S	E	N	N	A	U	J	U	C	T	R	A	U	I	I	A	T	N
X	L	L	E	W	I	S	H	A	M	I	L	T	O	N	H	R	N	G	D	M	G	L	E	F
V	M	S	C	U	U	H	E	V	P	D	J	K	O	X	A	A	A	Q	O	I	L	F	I	Z
E	M	M	O	G	M	X	M	P	C	V	A	D	F	Ö	R	T	N	A	L	R	Y	S	R	K
R	I	H	U	Z	Ü	T	C	H	T	Z	M	K	S	P	L	T	D	Z	F	A	B	C	Z	Q
S	K	Ö	W	S	E	R	G	I	O	P	E	R	E	S	E	G	O	C	C	I	Y	H	D	J
T	A	I	J	H	L	T	Z	L	A	U	S	L	J	A	S	F	A	Q	A	K	V	U	T	Q
A	H	W	N	J	X	E	K	H	I	S	H	R	I	L	L	G	L	Q	R	K	X	M	U	B
P	Ä	Z	W	D	U	C	N	I	T	B	U	B	G	A	E	U	O	K	A	Ö	S	A	A	X
P	K	Q	D	E	I	L	K	L	N	K	N	J	N	D	C	O	N	N	C	N	B	C	O	V
E	K	H	V	M	C	V	N	L	Q	S	T	D	S	W	L	M	S	Q	C	E	P	H	W	D
N	I	K	I	L	A	U	D	A	S	C	Ä	V	J	E	E	E	O	Z	I	N	H	E	N	Q
F	N	V	C	Z	A	H	A	W	O	K	K	S	N	R	R	G	W	X	O	L	H	R	N	A
S	E	G	M	R	O	P	C	M	S	S	P	D	X	T	C	U	S	Q	L	X	J	C	L	R
Q	N	W	O	S	E	B	A	S	T	I	A	N	V	E	T	T	E	L	A	W	P	X	V	A

Welche Rennfahrer sind noch aktiv? Das Internet hilft dir!

Michael Schumacher

Mindmap

Welche Begriffe gehören zum Thema Michael Schumacher? Ergänze die Mindmap und gestalte sie farbig.

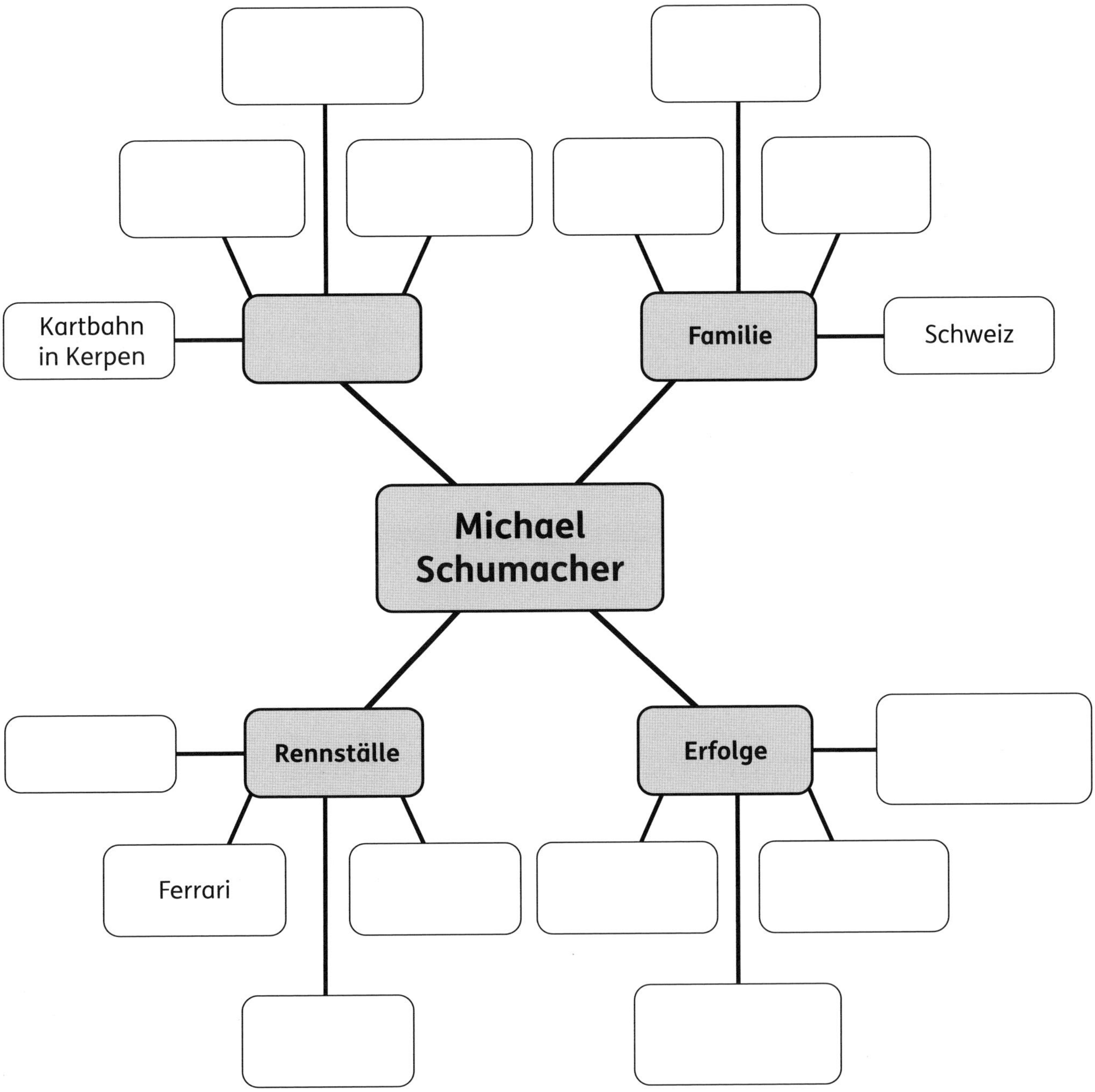

Michael Schumacher

- (leer)
  - Kartbahn in Kerpen
- **Familie**
  - Schweiz
- **Rennställe**
  - Ferrari
- **Erfolge**

Michael Schumacher

Konzentrationssport Rennfahren

Rennfahrer müssen über Stunden extrem konzentriert fahren. Wer eine Zehntelsekunde nicht aufpasst und an etwas anderes denkt, kann schon eine ganze Wagenlänge verlieren.

Hier ist dein Konzentrationstest: Wie viele Rennwagen sind die richtigen?

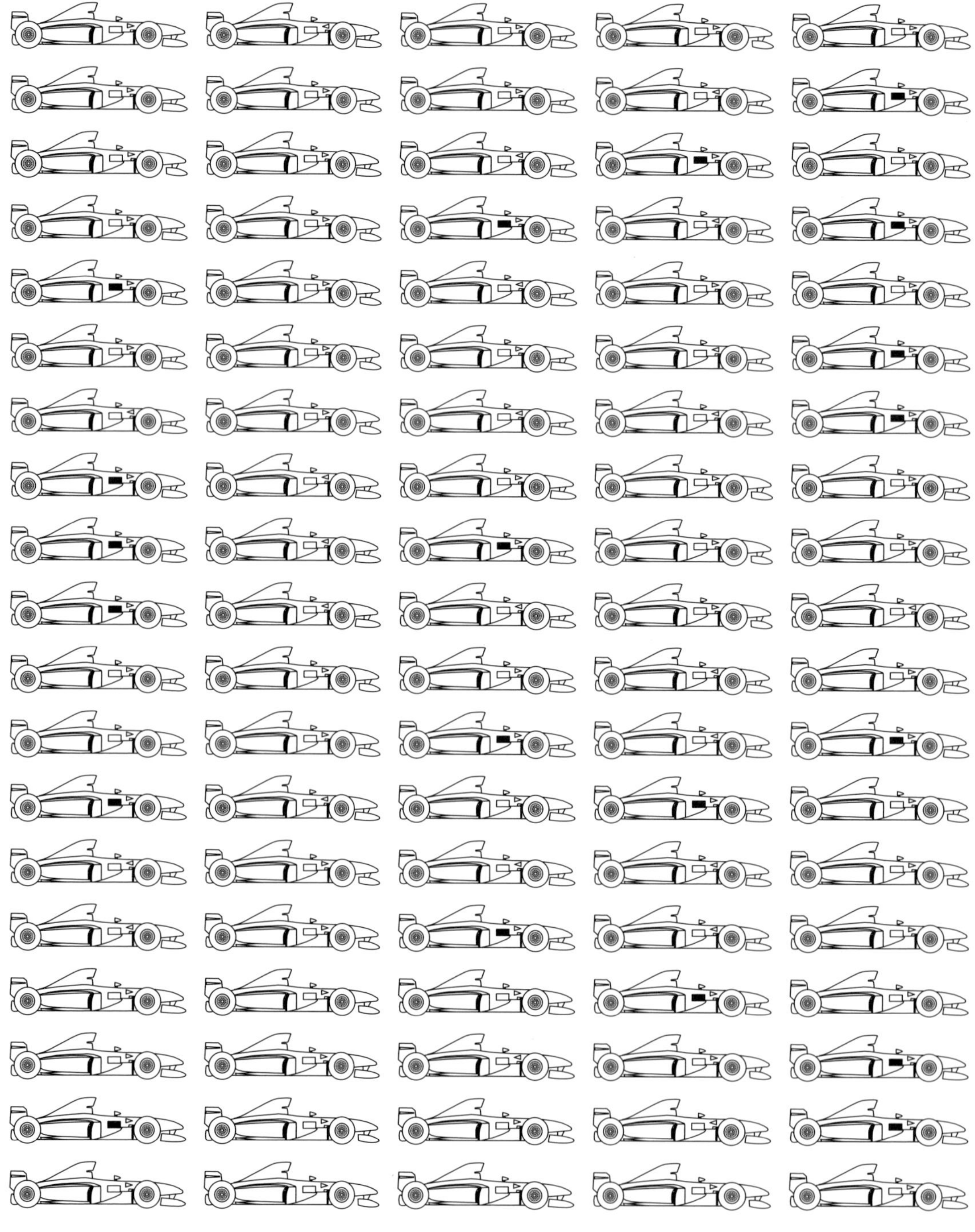

richtig: = ____

falsch:

Michael Schumacher

Teste dein Wissen

Name: ______________________ Klasse: ______________________ Datum: ______________________

Beantworte die Fragen.

① **Wer ist Michael Schumacher?**

____

② **In welchem Jahr und wo wurde er geboren?**

____

③ **In welchem Alter und wo begann er mit dem Motorsport?**

____

④ **Welche Berufsausbildung hatte Michael Schumacher?**

____

⑤ **Für welche Rennställe fuhr Michael Schumacher? (drei Beispiele)**

____

____

____

⑥ **Was ist die Formel 1?**

____

⑦ **Wer organisiert die Teilnahme an den Formel-1-Rennen in sogenannten „Rennställen"?**

____

⑧ **Wer wird Fahrerweltmeister der Formel 1?**

____

⑨ **Bei wie vielen Weltmeisterschaften im Autorennsport gewann Michael Schumacher?**

____

⑩ **Welche Besonderheiten zu Michael Schumacher kannst du hinzufügen? (zwei Besonderheiten)**

____

____

Lösungen & Abbildungsnachweis

Michael Schumacher – Formel 1 .... **Seite 100**

Die Lösung:

Zum Schluss fuhr Michael Schumacher für:

1	2	3	4	5	6	7	8
M	E	R	C	E	D	E	S

Die falschen Buchstaben ergeben auch ein Lösungswort:

Viele Motorsportfans verbringen ihre

1	2	3	4	5	6	7	8
F	R	E	I	Z	E	I	T

an den Rennstrecken.

Michael Schumacher – Berühmte Rennfahrer .... **Seite 102**

N	I	C	O	R	O	S	S	B	E	R	G	Q	G	A	E	Q	F	C	B	H	W	M	K	N
M	I	C	H	A	E	L	S	C	H	U	M	A	C	H	E	R	E	S	R	K	N	R	Y	T
A	A	Y	R	T	O	N	S	E	N	N	A	U	J	U	C	T	R	A	U	I	I	A	T	N
X	L	L	E	W	I	S	H	A	M	I	L	T	O	N	H	R	N	G	D	M	G	L	E	F
V	M	S	C	U	U	H	E	V	P	D	J	K	O	X	A	A	A	Q	O	I	L	F	I	Z
E	M	M	O	G	M	X	M	P	C	V	A	D	F	Ö	R	T	N	A	L	R	Y	S	R	K
R	I	H	U	Z	Ü	T	C	H	T	Z	M	K	S	P	L	T	D	Z	F	A	B	C	Z	Q
S	K	Ö	W	S	E	R	G	I	O	P	E	R	E	S	E	G	O	C	C	I	Y	H	D	J
T	A	I	J	H	L	T	Z	L	A	U	S	L	J	A	S	F	A	Q	A	K	V	U	T	Q
A	H	W	N	J	X	E	K	H	I	S	H	R	I	L	L	G	L	Q	R	K	X	M	U	B
P	Ä	Z	W	D	U	C	N	I	T	B	U	B	G	A	E	U	O	K	A	Ö	S	A	A	X
P	K	Q	D	E	I	L	K	L	N	K	N	J	N	D	C	O	N	N	C	N	B	C	O	V
E	K	H	V	M	C	V	N	L	Q	S	T	D	S	W	L	M	S	Q	C	E	P	H	W	D
N	I	K	I	L	A	U	D	A	S	C	Ä	V	J	E	E	E	O	Z	I	N	H	E	N	Q
F	N	V	C	Z	A	H	A	W	O	K	K	S	N	R	R	G	W	X	O	L	H	R	N	A
S	E	G	M	R	O	P	C	M	S	S	P	D	X	T	C	U	S	Q	L	X	J	C	L	R
Q	N	W	O	S	E	B	A	S	T	I	A	N	V	E	T	T	E	L	A	W	P	X	V	A

Lösungen & Abbildungsnachweis

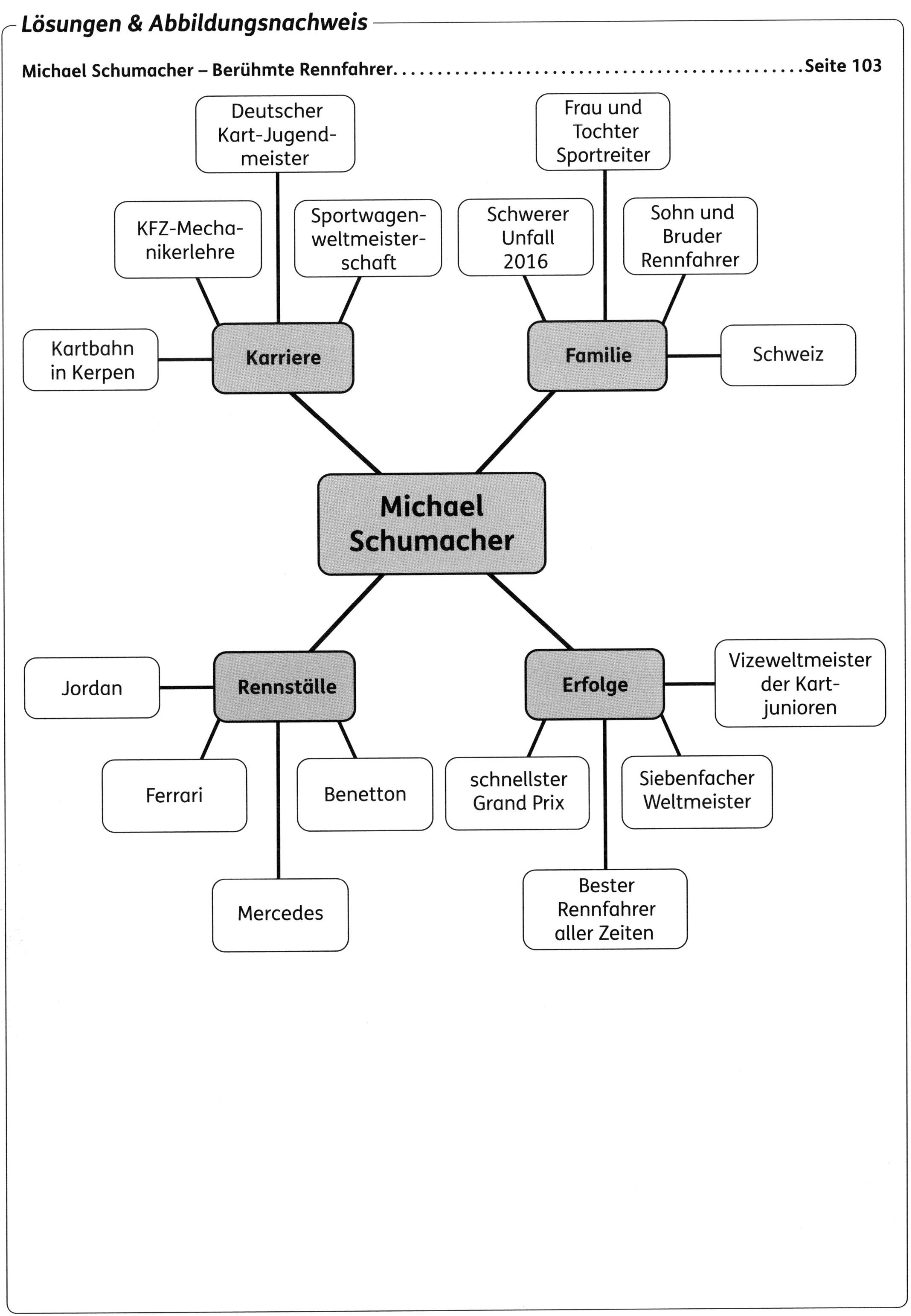

Michael Schumacher – Mindmap **Seite 104**

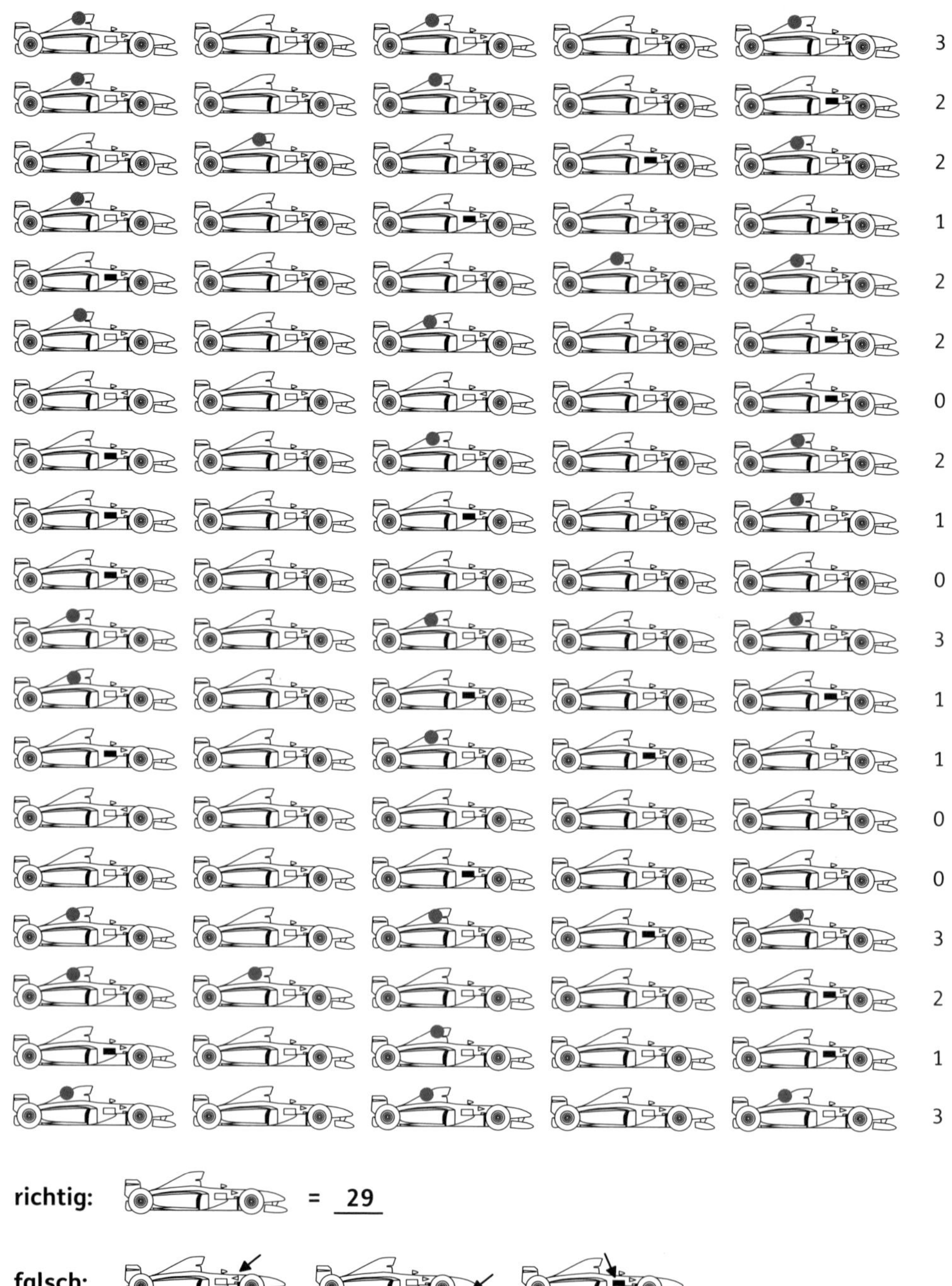

Michael Schumacher (2007)

Seite 96 mittig, Seite 97 oben, Seite 99 oben, Seite 103 oben, Seite 105 oben: von Gunnar Richter Namenlos.net – eigene Arbeit, Daniel Milbord, lizensiert unter CC BY-SA 3.0,
URL: https://creativecommons.org/licenses/by-sa/3.0/
https://commons.wikimedia.org/w/index.php?curid=3935835

Rennszene aus dem Großen Preis von Malaysia 2015

Seite 100: von Morio – Eigenes Werk, CC BY-SA 4.0,
URL: https://creativecommons.org/licenses/by-sa/4.0/
https://commons.wikimedia.org/w/index.php?curid=39428629

Schülerarbeiten

Lionel Messi und das Wappen des 1. FC Barcelona

Suche im Internet das Vereinswappen des FC Barcelona,ergänze es und male es farblich richtig aus.

Erkläre auf Grund deiner Internetrecherche die einzelnen Elemente des Wappens und ihre Bedeutungen

Links oben ist das Kreuz des Heiligen Georg, des Schutz-
patrons von Barcelona.
Die rotgelben Streifen rechts symbolisieren die katala-
nische Flagge.
Der untere Teil des Wappens bezieht sich auf den Club.
Unter den Initialen des Vereins – FCB – sind
die Vereinsfarben Karminrot und Blau und
ein Ball abgebildet.

Lionel Messi - The Best FIFA Football Awards

Wie sieht der FIFA-Pokal für den „Weltfußballer des Jahres" aus? Informiere dich im Internet oder anderen Medien und male oder zeichne ihn.

The Best FIFA Football Awards

Dzsenifer Maroszan – Weltmeisterschaftstrikot

Entwirf für Dzsenifer Maroszan ein supersportliches Star-Trikot für die nächste Fußballweltmeisterschaft. Vergiss Name und Spielerinnennummer nicht.

Dzsenifer Marozsán – Weltmeisterschafts-Fanartikel

Gestalte sechs verschiedene Frauen-Fanartikel für die Fußballweltmeisterschaft der Frauen.

Schülerarbeiten

Jürgen Klopp – Karte an den Trainer

Viele Fußballfans und Fußballprofis wünschen sich, dass Jürgen Klopp nach Deutschland zurückkehrt, um in seiner Heimat wieder Bundesligatrainer oder gar Nationaltrainer zu werden.

Gestalte eine sportliche Karte für Jürgen Klopp und schreibe auf der Rückseite der Karte einen Text, mit dem du versuchst, Jürgen Klopp zur Rückkehr zu überreden.

Lieber Jürgen

Erinnere dich daran, wo Deine Wurzeln liegen, wer Deine Familie, Dein Verein und Deine Fans sind! Die Bundesliga, der DFB und die Nationalmannschaft heißen Dich immer willkommen! Werde unser Jogi II

Philipp

Jürgen Klopp – FC Liverpool-Buchstaben

Verziere die Buchstaben des FC Liverpool, den Jürgen Klopp trainiert, mit verschiedenen Mustern und Farben.

Kobe Bryant – Vereinsmaskottchen

Hast du gewusst, dass die meisten NBA-Vereine ein Mannschaftsmaskottchen besitzen? Ein Darsteller im Kostüm verkörpert das Maskottchen während der Spiele.
Entwirf für Sportveranstaltungen deiner Schule ein solches Maskottchen als Kostüm.

Kobe Bryant – Vereinsmaskottchen

Hast du gewusst, dass die meisten NBA-Vereine ein Mannschaftsmaskottchen besitzen? Ein Darsteller im Kostüm verkörpert das Maskottchen während der Spiele. Die Maskottchen werden auch als Figuren verkauft. **Entwirf für Sportveranstaltungen deiner Schule ein solches Maskottchen.**

Schülerarbeiten

Katie Ledecki – Schwimmmütze für Sie und Ihn

Gestalte eine coole Schwimmmütze für eine Schwimmerin und einen Schwimmer.

Für Sie

FOR HER

Für Ihn

Usain Bolt – Roboter schlägt Usain

Die Erfinder Arthur E. Brainstorm und Daniel Düsentrieb haben einen Roboter gebaut, der schneller ist als Usain Bolt. Wie sieht er aus? Zeichne oder male ihn.

Usain Bolt – Roboter schlägt Usain

Die Erfinder Arthur E. Brainstorm und Daniel Düsentrieb haben einen Roboter gebaut, der schneller ist als Usain Bolt. Wie sieht er aus? Zeichne oder male ihn.

S. 55 von 94

Kamil Stoch – der Sprung eines Siegers

Zeichne und male die Sprungschanze, von der Kamil Stoch gerade zum Sieg springt.

Schülerarbeiten

Kamil Stoch – Piktogramme

Piktogramme sind Symbole um Informationen sprachfrei darzustellen. Sie zeigen oft einfach gezeichnete Umrisse eines Bildes ohne besondere Details. Piktogramme müssen für jeden erkennbar und verständlich sein.

Entwirf in Schwarzweißtechnik fünf verschiedene Piktogramme, die einen Skispringer in Aktion zeigen. Das Internet hilft dir.

Kamil Stoch – Piktogramme

Piktogramme sind Symbole um Informationen sprachfrei darzustellen. Sie zeigen oft einfach gezeichnete Umrisse eines Bildes ohne besondere Details. Piktogramme müssen für jeden erkennbar und verständlich sein.

Entwirf in Schwarzweißtechnik fünf verschiedene Piktogramme, die einen Skispringer in Aktion zeigen. Das Internet hilft dir.

Steffi Graf – Kollektion

Steffi Graf brachte eine Kollektion verschiedener Artikel (Sportbekleidung, Brillen, Kosmetik, Parfum) auf den Markt.
Entwirf sechs verschiedene Artikel für ihre Kollektion. Das Internet kann dich inspirieren.

Michael Schumacher – Formel-1-Flaggen

Während der Formel-1-Rennen werden an der Strecke je nach Situation verschiedene Signalflaggen geschwenkt. Wie sehen sie aus? Recherchiere im Internet oder in anderen Medien und male sie richtig aus.

Vorsicht: Gefahr

Sofort in die Box

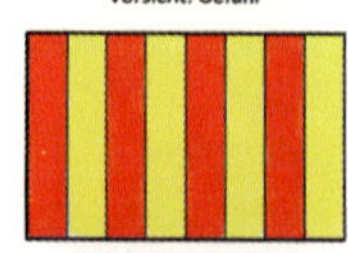
Achtung Rutschgefahr!

Rennen abgebrochen

Langsames Fahrzeug auf der Strecke

Letzte Verwarnung

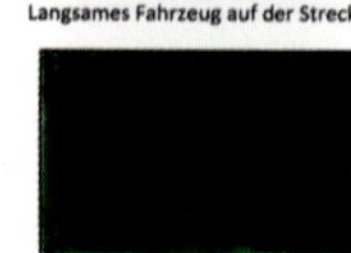
Gefahr vorbei

Disqualifikation

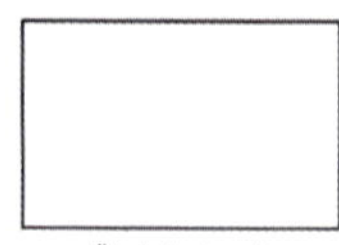
Überholen lassen!

Ziel erreicht